OU SERA LOGÉ LE PRÉFET DE LA SEINE ?

LA SÉPARATION DES SERVICES

Du département de la Seine

DE CEUX

De la Ville de Paris

Séance du Conseil Municipal de Paris du 13 Juin 1884

PRIX : 50 CENTIMES

PARIS

IMPRIMERIE-LIBRAIRIE DE L'Echo des Gobelins, — L. LEDRUX, Éditeur

11, RUE PRIMATICE, 11

DÉPOT LÉGAL

OU SERA LOGÉ LE PRÉFET DE LA SEINE ?

Séparation des Services du département de la Seine de ceux de la ville de Paris

Proposition déposée au Conseil municipal, le 13 juin 1884,

par MM. Georges MARTIN, CATTIAUX, GUICHARD, de MÉNORVAL, DESCHAMPS, PIPERAUD, COLLIN, DREYFUS, de BOUTEILLER, CURÉ, MAILLARD, MAYER, MICHELIN, MESUREUR, AMOUROUX, ROBINET, BRALERET, Paul VIGUIER, ROUSSELLE, BOUÉ, DARLOT, REYGEAL, ROUZÉ, CHAUTEMPS, DUJARRIER, PICHON, MATHÉ.

NOTE DE L'ÉDITEUR

En raison de l'importance qu'a prise, tant au Conseil général de la Seine qu'au Conseil municipal de Paris, la question de savoir si le Préfet de la Seine doit être logé à l'Hôtel de Ville ou dans un hôtel de Préfecture spécial, nous pensons faire plaisir aux lecteurs et aux abonnés de l'Echo des Gobelins en éditant pour eux cette brochure.

Nous avons demandé au citoyen Georges Martin s'il ne voyait aucune difficulté à ce que nous livrions à la publicité la dernière proposition qu'il avait déposée au sein du Conseil municipal.

Le Conseiller du quartier de la Gare nous ayant répondu que tout le monde avait le droit de publier ce document, nous le donnons sans commentaires, nous réservant de dire notre mot dans l'Echo des Gobelins lorsque la discussion s'ouvrira au Conseil municipal sur cette question.

L'Imprimeur-éditeur,

L. LEDRUX.

PROPOSITION

déposée par M. Georges **MARTIN**

dans la séance du Conseil municipal du 15 juin 1884

TENDANT A LA RÉUNION DE TOUS LES SERVICES MUNICIPAUX A L'HOTEL DE VILLE

Messieurs,

Jusqu'en 1805 le Préfet de la Seine a habité place Vendôme; de 1805 à 1870 il a eu son logement à l'Hôtel de Ville.

Après les événements de 1871 et l'incendie de ce monument, il fut successivement installé au Luxembourg, du mois d'août 1871 au mois d'octobre 1879, et depuis cette époque au pavillon de Flore, où il réside encore actuellement.

Lors de la discussion relative à la reconstruction de l'Hôtel de Ville de Paris, on se préoccupa naturellement, au sein du Conseil municipal, de la place qui pourrait être réservée au logement du Préfet de la Seine et à l'installation des services départementaux dans le nouveau palais municipal.

Le 22 juillet 1872, sur le rapport de M. Émile Perrin, le Conseil municipal adoptait l'article 3 du programme de reconstruction de l'Hôtel de Ville. Cet article était ainsi conçu :

Art. 3. — Les bâtiments de l'Hôtel de Ville comprendront :

1° Les appartements de réception et le logement particulier du Préfet, avec ses dépendances, écuries, remises, cuisines, etc.;

2° Les salles destinées aux réunions du Conseil municipal et du Conseil général, de leurs Commissions, au service de leurs présidents et de leurs secrétariats, en tenant compte de la publicité possible, dans l'avenir, des séances du Conseil général de la Seine et du Conseil municipal de Paris ;

3° Les salles destinées aux réunions du Conseil de Préfecture et au service de son greffe et de son secrétariat ;

4° Deux grandes salles de réunions publiques, au moins ;

5° Le cabinet du Préfet de la Seine et les services qui y seront annexés ;

6° Le cabinet du Secrétaire général et les bureaux du secrétariat général ;

7° Les cabinets des quatre directeurs : de l'Administration générale, des Travaux de Paris, des Eaux et Égouts, de l'Enseignement, et les bureaux dépendant de leurs directions ;

8° Les cabinets des trois inspecteurs d'architecture et les bureaux de l'architecte chargé de l'Hôtel de Ville et de ses annexes ;

9° Les locaux nécessaires aux caisses municipales, aux souscriptions et aux paiements de coupons, comprenant une vaste cour couverte pour contenir le public ayant à recevoir ou à verser aux diverses caisses ;

10° Le logement du Chef du matériel et de quatre hommes de peine attachés à ce service ;

11° Un bureau de poste, de télégraphie, deux corps de garde, trois loges de concierges ;

12° Une bibliothèque administrative pouvant contenir dix mille volumes, avec un cabinet pour le bibliothécaire ;

13° Les écuries pour le service des estafettes, indépendantes de celles destinées au Préfet ;

Des entrées distinctes seront réservées : 1° au Préfet et à ses appartements de réception ; 2° au Conseil municipal ; 3° aux employés ; 4° au public appelé dans les bureaux et dans les caisses.

M. Émile Perrin proposait, en outre, d'installer à l'Hôtel de Ville les services suivants :

14° Le service de l'Octroi ;

15° Le Bureau militaire ;

16° Le service des Perceptions municipales ;

17° Les Archives ;

18° Les cabinets et les bureaux des cinq ingénieurs en chef : de la Voie publique, des Promenades, de l'Éclairage, des Eaux et des Égouts ;

19° Le service des Vidanges et du Curage des égouts ;

20° Le cabinet et les bureaux de l'agent-voyer en chef du Département.

Cette partie du rapport ne fut pas adoptée par le Conseil municipal, qui reconnut que ces différents services ne pourraient point trouver dans le nouvel édifice la place qui leur serait nécessaire.

Le Conseil eut tellement raison à cette époque que, depuis, l'exiguité des locaux affectés aux différents services nous a obligés de recourir à la caserne Lobau pour installer une partie des bureaux qui devraient être à l'Hôtel de Ville en vertu de la délibération du 22 juillet 1872.

M. Manier, le 9 octobre 1880, déposait la proposition suivante :

A l'avenir, le Préfet de la Seine ne sera plus domicilié à l'Hôtel de Ville.

M. le Directeur des travaux est prié de modifier en conséquence les devis des travaux de l'Hôtel de Ville.

Signé : MANIER.

Cette proposition fut renvoyée à la 5ᵉ Commission du Conseil municipal et fut l'objet, sur le rapport de M. Masse, dans la séance du 4 janvier 1881, d'un ordre du jour motivé sur ce que, dans la séance précédente, le Conseil ayant adopté une distribution des locaux de l'Hôtel de Ville dans laquelle étaient compris les appartements du Préfet, on ne devait pas revenir sur cette décision à quelques jours de date, sans de très graves raisons.

Dans la séance du 5 mai suivant, à propos d'un rapport de M. Jobbé-Duval sur l'installation de divers services dans la caserne Lobau, la discussion suivante eut lieu :

M. HOVELACQUE. Je suis étonné que nous nous trouvions dans la nécessité d'installer des services municipaux et départementaux dans des annexes, alors que, dans l'Hôtel de Ville même, de vastes emplacements sont réservés aux appartements du Préfet de la Seine. Je demande que le projet soit renvoyé à la 5ᵉ Commission, afin qu'elle étudie si les services de l'enseignement ne pourraient être installés à la place que doit occuper l'appartement du Préfet.

Devons-nous, d'ailleurs, donner un logement à M. le Préfet ?

M. LE PRÉFET DE LA SEINE. La loi vous y oblige.

M. HOVELACQUE. Je m'incline devant la loi qui nous impose l'obligation de loger le Préfet, mais, comme nous sommes libres de choisir tel ou tel local, je demande que l'appartement du Préfet soit installé dans la caserne Lobau. Il me semble indispensable, pour la bonne marche des affaires, de réunir tous les services à l'Hôtel de Ville. Je dépose en conséquence la proposition suivante :

« Le soussigné demande le renvoi à la 5ᵉ Commission, avec invitation d'étudier l'attribution de tout le bâtiment de l'Hôtel de Ville aux services administratifs, les appartements de M. le Préfet étant installés dans un local annexe à déterminer.

Signé : HOVELACQUE, DE LANESSAN. »

M. LE PRÉFET DE LA SEINE. Il fallait faire voter cela avant le concours de 1872, dont le programme a servi de base aux projets des architectes.

M. LE DIRECTEUR DES TRAVAUX. M. Hovelacque disait tout à l'heure : « Je m'incline devant la loi qui nous impose l'obligation de loger M. le Préfet, mais, comme nous sommes libres de choisir tel ou tel local, je demande que M. le Préfet soit logé dans la caserne Lobau ». Je ne veux pas discuter l'obligation légale, mais les convenances seules indiqueraient que le logement de M. le Préfet doit être dans l'Hôtel de Ville.

M. LE PRÉSIDENT. J'ai reçu sur l'amendement de M. Hovelacque une demande de scrutin signée de MM. de Lanessan, Cattiaux, Hovelacque, Braleret et Maillard.

Le scrutin auquel il est procédé donne les résultats suivants :

Votants	55
Majorité absolue	28
Pour	16
Contre	39

Le Conseil n'a pas adopté.

Ont voté pour :

MM. Boué, Braleret, Collin, Darlot, Delattre, Yves Guyot, Hovelacque, Lafont, de Lanessan, Maillard, Manier, Marsoulan, Tony Révillon, Jules Roche, Rousselle, Songeon.

Ont voté contre :

MM. Bartholoni, Boll, Bourneville, de Bouteiller, Cadet, Cattiaux, Cernesson, Cochin, François Combes, Curé, Cusset, Delhomme, Depasse, Despatys, Dupont, Engelhard, Forest, Frère, Gamard, Hattat, de Heredia, Hervé, Jacques, Jobbé-Duval, Lainé, Lamouroux, Levraud, Loiseau, Georges Martin, colonel Martin, Marius Martin, Mathé, Mesureur, Réty, Reygeal, Riant, Rouzé, Thorel, Voisin.

N'ont pas pris part au vote :

MM. Deligny, Dubois, Dujarrier, Ernest Hamel, Sigismond Lacroix, Narcisse Leven, Henry Maret, Prétet, Aristide Rey, Royer, Vauthier, Villard.

Absents :

MM. Binder, Level, Murat, Sick, Watel.

Excusés :

MM. Antide Martin, de Ménorval.

En congé :

MM. Delabrousse, Germer Baillière, Grimaud, Monteil, Rabagny, Thulié.

M. MARIUS MARTIN. C'est par erreur que j'ai déposé un bulletin bleu. Mon intention était de voter pour l'amendement.

M. LE PRÉFET DE LA SEINE. A la bonne heure !

Au Conseil général, la question de savoir si le Département devait contribuer à la reconstruction de l'Hôtel de Ville, ou payer un loyer pour le logement de ses services spéciaux dans l'édifice municipal, ayant été agitée, a fait l'objet d'abord d'une proposition de M. Stanislas Leven et ensuite d'un rapport de M. Antide Martin.

Ce rapport concluait, comme la proposition de M. Leven, à l'affectation d'une somme de 2,614,000 francs, primitivement inscrite au budget rectificatif du Département de 1879, à la caserne de la Cité et non à l'Hôtel de Ville, en imputation sur le prix dû à la Ville pour l'acquisition de cette caserne.

M. Antide Martin s'appuyait sur les considérations suivantes :

Il faut être fixé sur le point de savoir si le Département veut et peut devenir propriétaire, dans une proportion quelconque, de l'Hôtel de Ville de Paris.

Jusqu'au jour où il a été détruit par l'incendie, l'Hôtel de Ville a été la propriété exclusive de la Cité.

Elle avait autorisé le département de la Seine à y établir le siège préfectoral et les principaux services départementaux. Suivant un accord remontant à 1849, il s'en était reconnu locataire envers elle par la modique allocation annuelle d'une somme de 40,000 francs augmentée de celle de 10,000 fr. affectée à l'entretien et au renouvellement du mobilier le concernant. Sa situation était donc assimilable à celle d'un locataire usant conventionnellement de partie d'un édifice appartenant à autrui.

Modifier maintenant cette situation en attribuant au Département une fraction quelconque du droit de propriété du nouvel Hôtel de Ville, ce serait créer à plaisir de grandes difficultés et, peut-être, des sujets de discorde. Devenu co-propriétaire, le Département aurait à participer aux résolutions sans nombre qu'il y aurait à prendre pour la continuation des travaux de construction et d'ornementation, pour le choix des entrepreneurs, pour le règlement et le paiement de leurs comptes, pour la destination définitive à donner aux diverses parties de l'édifice, pour la contribution à son entretien immobilier, etc.

Il paraît certain que cette immixtion continue ne saurait convenir à la ville de Paris, qui, jusqu'à présent, a seule tout combiné, tout entrepris, et qui désire mener seule son œuvre à bonne fin.

Dans l'avenir il peut arriver que, par voie législative, une séparation complète soit établie entre la Préfecture de la Seine, peut-être alors agrandie dans sa propre sphère d'activité, et la Municipalité de Paris. Il est bon que la réalisation de cette éventualité ne vienne pas à être entravée par une liquidation qu'il faudrait établir entre des co-propriétaires de l'Hôtel de Ville.

Les conclusions du rapport de M. Antide Martin furent adoptées.

Le 30 mai 1883, le Conseil municipal prenait de son côté la délibération suivante sur le rapport de M. Thorel :

Le Conseil,

Vu le mémoire en date du 21 mai 1883, par lequel M. le Préfet de la Seine demande l'ouverture d'un crédit de 25,000 francs pour le déménagement et le transport au nouvel Hôtel de Ville des objets mobiliers, archives et dossiers des bureaux de la Préfecture de la Seine ;

Considérant que ce travail important doit s'exécuter avec rapidité, de façon à rendre aussi courte que possible l'interruption forcée qu'auront à subir les services ;

Délibère :

ARTICLE PREMIER. — Il y a lieu de prélever sur le chap. XXIII, article unique, du Budget de l'exercice 1883, une somme de vingt-cinq mille francs (25,000 francs), pour faire face aux dépenses diverses qui seront occasionnées par le déménagement des services de la Préfecture de la Seine, transportés au nouvel Hôtel de Ville.

ART. 2. — Cette somme de 25,000 francs sera rattachée au chap. IV, art. 8 *bis*, dudit Budget.

L'affaire en était là quand M. Georges Martin en reprit l'étude et la porta de nouveau devant le Conseil général.

Proposition de M. Georges Martin au Conseil général pour le maintien de M. le Préfet et des services départementaux au pavillon de Flore.

Séance du 15 juin 1883.

M. Georges Martin. J'ai l'honneur de déposer la proposition suivante :

« Messieurs,

« Aux termes de la loi du 10 mai 1838 (art. 12) sur les attributions des Conseils généraux et des Conseils d'arrondissement, le loyer, l'ameublement et l'entretien du mobilier de l'hôtel de la Préfecture et des bureaux sont à la charge du Département.

« Jusqu'à ces derniers temps, nous avions pu espérer que l'Hôtel de Ville serait assez spacieux pour contenir les services du département de la Seine et de la ville de Paris.

« L'augmentation de la population parisienne qui, pendant ces cinq dernières années, a atteint le chiffre énorme de deux cent cinquante mille habitants, a occasionné un accroissement correspondant des services municipaux.

« La population départementale a augmenté, elle aussi, dans de fortes proportions, et il est peu probable que ce mouvement se ralentisse. Nous pouvons donc prévoir aussi de ce chef une augmentation progressive du personnel des bureaux.

« Depuis le commencement de la construction de l'Hôtel de Ville de Paris, les sous-préfectures de Saint-Denis et de Sceaux ont été supprimées, au grand avantage de l'expédition des affaires des communes du Département. Leurs services sont venus se joindre à ceux du centre et accroître d'autant leurs attributions.

« Si, dans les projets primitifs de l'Hôtel de Ville, par suite d'un ancien usage, on avait cru pouvoir loger le Préfet de la Seine et les bureaux de la Préfecture, moyennant un loyer payé par le Département à la ville de Paris, aujourd'hui on doit renoncer à cette idée.

« L'Hôtel de Ville ne sera même pas assez grand pour tous les services municipaux.

« Le Conseil général doit donc se préoccuper d'acheter ou de faire construire un hôtel pouvant convenir à l'installation de la Préfecture de la Seine. Etant donné la nature des affaires traitées à la Préfecture, cet hôtel pourrait être placé à proximité du Ministère de l'intérieur, du Sénat et de la Chambre des Députés.

« Le principe de la séparation des services départementaux et des services municipaux n'a jamais été contesté et les assemblées qui nous ont précédés l'ont toujours affirmé. En 1803, la somme payée par le Département à la Ville pour prix du loyer des bâtiments servant à l'installation de ses services était de 12,000 francs. Une délibération du Conseil municipal de Paris, en date du 1er août 1845, ratifiée par le Conseil général de la Seine, porta ce loyer à 40,000 francs.

« Cette charge a figuré au Budget départemental jusqu'en 1870.

« En 1879 le Conseil général, approuvant les conclusions d'un rapport de M. Antide Martin, reconnaissait le droit de propriété exclusif de la ville de Paris sur l'Hôtel de Ville, et décidait qu'il n'y avait pas lieu de conférer au Département une part de propriété dans cet édifice.

« L'Hôtel de Ville est donc bien purement municipal.

« Les soussignés ont, en conséquence, l'honneur de proposer au Conseil général de décider qu'il y a lieu d'engager des négociations avec l'État en vue d'obtenir provisoirement, en attendant que le Département ait fait construire un nouvel hôtel de Préfecture, le maintien de l'habitation de M. le Préfet et de tous les services départementaux, y compris le bureau militaire, dans les bâtiments du pavillon de Flore.

« *Signé :* Georges Martin, Manier, Boué, Dreyfus, Maillard, de Bouteiller, Allaire, Benjamin Raspail, Ruben de Couder, Blanche, Decorse, Dujarrier, Lefèvre, Cattiaux, Michelin, Marsoulan, Jacquet, Braleret, Darlot, Rouzé. »

M. RUBEN DE COUDER. Mes collègues de la banlieue m'ont chargé de porter à la tribune la déclaration suivante :

« Nous acceptons et nous voterons la proposition de M. Georges Martin comme un acheminement à la séparation du Conseil municipal de Paris et du Conseil général de la Seine. *(Très bien !)* »

M. CERNESSON. C'est ce que nous désirons tous.

La proposition de M. Georges Martin est renvoyée à la 1re Commission.

ADOPTION PAR LE CONSEIL GÉNÉRAL DE LA PROPOSITION DE M. GEORGES MARTIN, TENDANT AU MAINTIEN DES SERVICES DÉPARTEMENTAUX AU PAVILLON DE FLORE.

Séance du 18 juin.

M. CERNESSON. Vous avez renvoyé à votre 1re Commission une proposition de M. Georges Martin, tendant à maintenir au pavillon de Flore les services départementaux et les installations du Préfet. Je viens vous proposer, malgré l'heure avancée, d'entendre le rapport que je suis chargé de faire sur cette proposition.

M. LE SECRÉTAIRE GÉNÉRAL DE LA PRÉFECTURE DE LA SEINE. Messieurs, la proposition de M. Georges Martin, que M. Cernesson se propose de rapporter, soulève l'examen de questions extrêmement importantes, extrêmement délicates, soit au point de vue administratif, soit au point de vue financier, et dont la gravité ne vous échappera pas.

Cette affaire, qui intéresse si grandement l'Administration, n'est pas même inscrite à l'ordre du jour ; l'heure est d'ailleurs très avancée, et j'ai en conséquence l'honneur de vous demander formellement, au nom de M. le Préfet de la Seine, d'ajourner cette discussion.

M. LE RAPPORTEUR. Retarder cette affaire, c'est engager la responsabilité des finances du Département. En effet, si nous laissons le déménagement s'opérer, qui paiera ? Vous allez assigner des locaux à l'Hôtel de Ville à des services départementaux, alors que, pour les loger, il n'existe pas de convention entre la Ville et le Département. Je tiens, dans tous cas, à dégager la responsabilité de la Commission.

M. LE DIRECTEUR DES TRAVAUX. Les dépenses de déménagement peuvent être considérées comme actuellement faites. Si vous adoptez cette proposition, alors que nous sommes à la veille de déménager, vous allez mettre l'Administration dans le plus grand désordre. Il vaudrait mieux, dans l'intérêt de la Ville et du Département, réserver la question jusqu'à la session ordinaire.

M. Émile LEVEL. Nous ne pouvons discuter cette affaire à la fin d'une session et alors que nous n'avons pas eu le temps d'étudier le rapport de M. Cernesson.

M. LE RAPPORTEUR. Mon rapport est prêt. Je suis en mesure de le lire au Conseil.

PLUSIEURS MEMBRES demandent l'ajournement.

L'ajournement, mis aux voix, est repoussé.

M. LE RAPPORTEUR. Un grand nombre de nos collègues nous ont soumis, par l'organe de M. Georges Martin, une proposition tendant à engager des négociations avec l'État, en vue d'obtenir provisoirement le maintien au pavillon de Flore de l'appartement de M. le Préfet de la Seine et des bureaux affectés au service du Département.

En attendant que le Département ait pu faire construire un hôtel de Préfecture ou ait pu acquérir un immeuble pour cet objet, le Conseil général paierait à l'État le prix du loyer du pavillon de Flore, la loi lui faisant une obligation de loger le Préfet et les bureaux de la Préfecture.

Votre Commission a examiné et discuté la proposition de nos collègues avec tout le soin qu'elle comporte. Les intérêts très graves qui y sont engagés nous font un devoir de vous prier de délibérer d'urgence.

Il paraît reconnu, en effet, que le nouvel Hôtel de Ville n'a même pas la place suffisante pour y recevoir tous les services communaux. Depuis 1873, c'est-à-dire depuis le jour où le Conseil municipal de la ville de Paris a approuvé les plans et devis de l'Hôtel de Ville, la population de Paris a augmenté de plus de 500,000 habitants et les services communaux ont, dans une très grande mesure, suivi le mouvement de la population; ils se sont accrus en nombre et en importance.

Déjà une partie de ces services sont logés dans des propriétés particulières, au grand détriment de l'expédition des affaires.

Est-il prudent, dès lors, de laisser installer dans l'Hôtel de Ville des services purement départementaux alors que la ville de Paris peut à peine loger ses employés municipaux ?

Votre Commission a pensé que cette question méritait d'être étudiée et, comme le temps vous fait défaut aujourd'hui pour la résoudre, nous vous proposons de maintenir toutes les choses en l'état de telle sorte qu'au mois d'octobre, au moment de sa session ordinaire, le Conseil général puisse, en pleine connaissance de cause, délibérer sur un projet dont l'importance ne vous échappera pas.

Il ne faut point oublier, Messieurs, que si le Conseil municipal de Paris a, en 1873, prévu que l'Hôtel de Ville pourrait être appelé, comme cela s'est pratiqué avant 1871, à recevoir les services départementaux, le Conseil général de la Seine n'a pris aucune résolution à cet égard ; que notamment, en ce qui concerne le prix du loyer que le département de la Seine devrait payer à la ville de Paris pour y loger le Préfet et les bureaux du Département, il n'y a eu aucune convention de part et d'autre et qu'il peut se faire que l'intérêt bien entendu des finances du Département comporte une solution complètement différente plus conforme aux intérêts départementaux et plus satisfaisante au point de vue même de la bonne gestion des affaires.

Par conséquent, Messieurs, en attendant votre session ordinaire d'octobre, il reste bien entendu que M. le Préfet de la Seine ne laissera partir à l'Hôtel de Ville aucune portion de service qui ressortisse au Département.

En ce qui concerne plus particulièrement l'habitation de M. le Préfet, il n'y a pas péril en la demeure, puisque les appartements prévus pour cet objet ne seront pas prêts avant la fin de l'année.

Pour tous ces motifs, Messieurs, nous vous proposons d'adopter le projet de délibération suivant :

« Le Conseil général,

« Considérant que l'Hôtel de Ville n'est pas entièrement achevé, que notamment l'appartement prévu pour le Préfet de la Seine n'est pas encore en état d'être habité ;

« Considérant, de plus, que l'Hôtel de Ville ne contiendra pas la place suffisante pour y recevoir tous les services communaux ;

« Considérant que, dans ces conditions, il y a lieu de réserver toutes les questions relatives au logement du Préfet et des services départementaux :

« Délibère :

« M. le Préfet de la Seine est invité à maintenir provisoirement les services départementaux au pavillon de Flore et à négocier dès maintenant avec l'État le prix du loyer qui pourrait être fixé d'un commun accord entre le Département et l'État pour loger les services départementaux dans le pavillon de Flore. »

Plusieurs Membres. Aux voix !

Les conclusions de la Commission sont mises aux voix et adoptées.

Mise à l'ordre du jour de la séance du Conseil municipal du mercredi 27 juin d'une question de M. Georges Martin relative au maintien des services départementaux au pavillon de Flore.

Séance du 25 juin 1883.

M. Georges Martin. Le Conseil général, par sa délibération en date du 18 juin dernier, a invité M. le Préfet de la Seine à maintenir provisoirement les services départementaux au pavillon de Flore et à négocier avec l'État le prix du loyer des locaux à affecter à ces services, prix qui serait fixé d'un commun accord entre le Département et l'État.

J'ai l'honneur de prévenir M. le Préfet de la Seine, qu'à la séance de mercredi, je lui demanderai ce qu'il a l'intention de faire en présence de cette délibération, et s'il laissera déménager les services départementaux en même temps que les services municipaux.

Le Conseil municipal a voté un crédit pour le déménagement des bureaux de la ville de Paris. Le Conseil général n'ayant voté aucun fonds pour le déménagement des bureaux du Département, je désirerais savoir de M. le Préfet de la Seine s'il croit que le crédit voté par le Conseil municipal puisse être employé à déménager les services départementaux, et comment il pense pouvoir faire rembourser à la Ville ses avances, au cas où ce déménagement aurait lieu malgré la ferme volonté exprimée par le Conseil général.

M. le Directeur des travaux. M. le Préfet a transmis au Gouvernement la délibération du Conseil général, puisque celui-ci l'invitait à négocier avec l'État pour la mise à sa disposition de nouveaux locaux, ou pour le maintien des services aux Tuileries. M. le Ministre n'a pas encore fait connaître sa réponse, et il sera impossible à M. le Préfet de donner à M. Georges Martin les explications qu'il demande avant d'avoir reçu cette réponse.

M. Georges Martin. Je ne désire pas de réponse aujourd'hui, et, en tout cas, celle de M. le Directeur des travaux ne me suffit pas. Je ne voudrais pas que, par les paroles qu'il vient de prononcer, M. le Directeur pût dispenser l'Administration de me répondre d'une manière plus explicite. Je demande donc d'une manière formelle l'inscription de ma question à l'ordre du jour de mercredi.

M. le Président. La question sera inscrite à l'ordre du jour de mercredi.

QUESTION DE M. GEORGES MARTIN SUR LE MAINTIEN DES SERVICES DÉPARTEMENTAUX AU PAVILLON DE FLORE. — ADOPTION D'UN ORDRE DU JOUR.

Séance du 27 juin 1883.

M. Georges Martin. Vous savez, Messieurs, que les dépenses du personnel de la préfecture de la Seine et de la mairie de Paris sont supportées par le budget du Département, le budget de la Ville et le fonds d'abonnement. Ce dernier fonds, réuni au crédit inscrit au budget du Départe-

— 18 —

ment, représente, dans la dépense qu'entraîne le personnel de la Préfecture de la Seine et de la mairie de Paris, le tiers de la dépense totale.

Or, le 30 mai dernier, vous avez ouvert un crédit de 25,000 francs, prélevé sur le Budget municipal, pour le déménagement des bureaux de la Ville. Depuis lors, le Conseil général, dans sa séance du 18 juin courant, sur le rapport de M. Cernesson, a décidé, vu l'insuffisance des locaux de l'Hôtel de Ville, qu'il y avait lieu de se préoccuper d'installer M. le Préfet de la Seine et les services départementaux dans un hôtel de préfecture spécial ; cette décision se justifiait d'elle-même, puisque c'est au Département qu'incombe le soin de loger le préfet.

Les termes de la délibération précitée du Conseil général sont formels, de telle sorte que, si l'Administration effectuait le déménagement de certains services départementaux en imputant la dépense sur les 25,000 francs votés par le Conseil municipal, la Ville ne saurait espérer que le Département lui remboursera les frais du déménagement des services départementaux. En effet, par l'organe de M. Ruben de Couder, les Conseillers généraux suburbains ont fait la déclaration suivante :

« Nous voterons la proposition relative aux négociations à ouvrir avec l'État pour l'installation des services départementaux dans un local spécial, car nous la regardons comme un acheminement vers la séparation du Conseil municipal de Paris et du Conseil général de la Seine. »

Dans cette situation, et M. le Préfet ayant été invité à négocier avec l'État, en vue d'obtenir la location du pavillon de Flore pour l'installation des services départementaux, je lui pose la question suivante....

Un Membre. Le Préfet n'est pas ici.

M. Georges Martin. L'un des représentants de l'Administration répondra. Je pose, dis-je, la question suivante : Si les services départementaux sont actuellement installés à l'Hôtel de Ville malgré la volonté du Conseil général, M. le Préfet est-il disposé à supporter les frais de ce déménagement, ceux qui résulteront plus tard du transport dans l'hôtel spécial de la Préfecture desdits services et ceux du rétablissement des services municipaux dans les locaux que l'on veut affecter actuellement dans l'Hôtel de Ville à certains services départementaux ?

M. le Secrétaire général de la Préfecture de la Seine. Permettez-moi, Messieurs, de répondre en quelques mots à la question adressée par M. Georges Martin à l'Administration.

M. Joffrin. À M. le Préfet.

M. Georges Martin. M. le Préfet a été prévenu de la question. M. le Secrétaire général le remplace.

M. le Secrétaire général de la Préfecture de la Seine. Ainsi qu'il y avait été invité par le Conseil général, M. le Préfet s'est empressé d'entrer en négociations avec l'État au sujet du maintien des services départementaux au pavillon de Flore.

La délibération du Conseil général était ainsi conçue :

« Le Conseil général,

« Considérant que l'Hôtel de Ville n'est pas entièrement achevé, que notamment l'appartement prévu pour le Préfet de la Seine n'est pas en état d'être habité ;

« Considérant, de plus, que l'Hôtel de Ville ne contiendra pas la place suffisante pour y rece-voir tous les services municipaux ;

« Considérant que, dans ces conditions, il y a lieu de réserver toutes les questions relatives au logement du Préfet et des services départementaux;

« Délibère :

« M. le Préfet de la Seine est invité à maintenir provisoirement les services départementaux au pavillon de Flore et à négocier dès maintenant avec l'État le prix du loyer qui pourrait être fixé d'un commun accord entre le Département et l'État pour loger les services départementaux dans le pavillon de Flore. »

Vous entendez bien : il s'agit du maintien des services municipaux dans le pavillon de Flore et non ailleurs, comme l'a laissé croire M. Georges Martin.

Nous nous sommes, en conséquence, adressés à M. le Ministre de l'instruction publique et des beaux-arts, qui a répondu le 26 juin à M. le Préfet par la lettre suivante :

« Monsieur le Préfet,

« J'ai reçu la lettre que vous m'avez fait l'honneur de m'adresser le 23 de ce mois, et par laquelle vous m'informez que le Conseil général du département de la Seine a pris dans sa séance du 18 juin la délibération suivante :

« M. le Préfet de la Seine est invité à maintenir provisoirement les services départementaux
« au pavillon de Flore et à négocier dès maintenant avec l'État le prix du loyer qui pourrait être
« fixé d'un commun accord entre le Département et l'État, pour loger les services départemen-
« taux dans le pavillon de Flore. »

« En me transmettant cette délibération, vous me demandez de vous faire savoir le plus tôt possible si le Gouvernement serait disposé à louer au département de la Seine le pavillon de Flore et l'aile sud du palais du Louvre jusqu'au guichet du Carrousel.

« Vous n'ignorez pas, Monsieur le Préfet, que nos richesses artistiques sont fort à l'étroit dans les localités qu'elles occupent au Louvre et qu'un grand nombre d'œuvres importantes ne peuvent, faute d'espace, être placées sous les yeux du public. Il est indispensable de remédier à cette insuffisance et le Gouvernement a toujours eu la pensée très arrêtée de réunir aux galeries actuelles, après le départ de la Préfecture de la Seine, les localités occupées aujourd'hui par votre Administration.

« Il n'est donc pas admissible de donner suite à la proposition faite par le Conseil général.

« J'ajouterai, Monsieur le Préfet, que les Commissions du Budget et le Parlement lui-même se sont préoccupés à diverses reprises des périls que créait pour nos galeries l'occupation des localités qui leur sont contiguës par des services autres que ceux des Beaux-Arts.

« Permettez-moi aussi de vous rappeler que ce n'est pas sans de vives appréhensions que le Gouvernement a consenti à l'installation de votre Administration dans les bâtiments des Tuileries ; mais il s'agissait alors d'un grand intérêt public et le Gouvernement n'a pas hésité.

« Aujourd'hui que les locaux concédés vont être rendus à l'État, il importe, Monsieur le Préfet, de prendre de suite les précautions nécessaires pour conjurer des dangers toujours imminents. Je vous prierai donc de faire démolir, dès que le Conseil municipal aura quitté la salle des séances, toutes les cloisons, pans de bois et installations diverses qui avaient été établis pour recevoir le Conseil. De même, je tiens essentiellement à ce que vous fassiez disparaître, au fur et à mesure de leur évacuation, tous les baraquements qui ont été élevés dans la cour des Tuileries.

« Ces constructions, bien qu'un peu plus éloignées du Louvre, n'en constituent pas moins un danger permanent pour nos galeries.

« D'après les instructions que vous avez données, une partie de vos services doit être transférée, avant le 10 juillet, dans le nouvel Hôtel de Ville. Il eut été désirable que toute votre Administration pût quitter en même temps les bâtiments qu'elle occupe ; mais je comprends, Monsieur le Préfet, les délais que comporte une opération aussi considérable.

« Toutefois, je vous serais obligé de prescrire les mesures nécessaires pour que les services qui vont encore rester provisoirement dans les bâtiments de l'État puissent abandonner également le pavillon de Flore et l'aile sud du Louvre le plus tôt possible, et je vous prierai de m'indiquer l'époque à laquelle vous espérez pouvoir rendre ces bâtiments à l'État.

« Recevez, Monsieur le Préfet, l'assurance de ma considération la plus distinguée.

« *Le Président du Conseil,*
« *Ministre de l'instruction publique et des beaux-arts,*

« *Signé* : J. Ferry. »

Vous le voyez, Messieurs, l'État se refuse absolument à entrer en négociations avec nous, à l'effet de loger les services départementaux dans le pavillon de Flore. La délibération du Conseil général étant par cela même écartée, nous restons en présence des délibérations du Conseil municipal, qui sont actuellement en cours d'exécution.

Or, dans la séance du 21 mai dernier, M. le Directeur des travaux vous a fait connaître que les services du Cabinet, du Secrétariat général, des Directions des travaux et des finances, opéreraient leur déplacement dans les derniers jours de juin et au commencement du mois de juillet.

Le Conseil a donné son approbation à ces dispositions.

Nous avons agi en conséquence, et le déménagement des services s'effectue en ce moment.

Les Sous-directions des affaires municipales et départementales, et la Direction de l'enseignement resteront provisoirement aux Tuileries jusqu'à ce que les locaux qui leurs sont destinés soient aménagés.

M. Hovelacque. Et M. le Préfet ?

M. le Secrétaire général de la Préfecture de la Seine. Quant à la possibilité d'utiliser le crédit de 25,000 francs, voté par le Conseil municipal pour faire face aux dépenses occasionnées par le déménagement des services municipaux, que M. Georges Martin se reporte à la délibération du Conseil du 30 mai : il y verra que le crédit est applicable à tous les bureaux de la Préfecture de la Seine indistinctement.

La délibération prise par le Conseil municipal, le 30 mai dernier, est, en effet, ainsi conçue :

« Le Conseil,

« Vu le mémoire en date du 21 mai 1883, par lequel M. le Préfet de la Seine demande l'ouverture d'un crédit de 25,000 francs, pour le déménagement et le transport au nouvel Hôtel de Ville des objets mobiliers, archives et dossiers des bureaux de la Préfecture de la Seine ;

« Considérant que ce travail important doit s'exécuter avec rapidité, de façon à rendre aussi courte que possible l'interruption forcée qu'auront à subir les services ;

« Délibère :

« ARTICLE PREMIER. — Il y a lieu de prélever sur le chap. XXIII, article unique du Budget de l'exercice 1883, une somme de vingt-cinq mille francs (25,000 francs), pour faire face aux dépenses diverses qui seront occasionnées par le déménagement des services de la Préfecture de la Seine, transportés au nouvel Hôtel de Ville.

« ART. 2. — Cette somme de 25,000 francs sera rattachée au chap. IV, art. 8 *bis*, dudit Budget. »

Cette délibération a été régulièrement prise. elle a été approuvée, les dépenses qu'elle autorisait ont été engagées ; il n'est donc plus possible actuellement de la modifier.

M. GEORGES MARTIN. Il est indiscutable que, pour déménager les services départementaux, il faut un crédit du Conseil général ; or, celui-ci n'en a pas voté. Les 25,000 francs accordés par le Conseil municipal ne peuvent, en conséquence, servir qu'au déménagement des bureaux essentiellement municipaux.

De la lettre de M. le Ministre, il résulte que le Gouvernement a grande hâte de se débarrasser du Préfet et qu'il voudrait le faire loger par la Ville. Cette prétention est mal fondée. Jamais un maire n'est logé par la commune ; on ne peut donc exciper du titre de maire de Paris que possède M. le Préfet pour exiger que son domicile soit à l'Hôtel de Ville. C'est le Département, je le répète encore, qui, légalement, est obligé de loger le Préfet et les services départementaux, et c'est au Conseil général de la Seine qu'il appartient de prendre les délibérations nécessaires à cet objet.

M. le Ministre admet que certains services municipaux et départementaux restent encore au pavillon de Flore pendant plusieurs années peut-être. Pourquoi M. le Préfet ne resterait-il pas avec eux ? Cette séparation des services répond à la nature même des choses.

Depuis de longues années déjà que j'appartiens au Conseil municipal, je n'ai jamais eu affaire avec la plupart des bureaux de l'administration départementale, tandis que j'ai toujours été en relations directes et suivies avec tous les bureaux de l'administration municipale proprement dite ; dès lors, il est logique d'installer à l'Hôtel de Ville, à proximité du Conseil municipal, tout ce qui a un caractère communal et de maintenir au pavillon de Flore ce qui est départemental, à côté de M. le Préfet et avec M. le Préfet.

A aucun titre, M. le Préfet ne peut prendre possession de l'Hôtel de Ville. Naguère le Département, invité à participer aux dépenses de ce monument, a, sur le rapport de M. Antide Martin, refusé son concours et décidé qu'il était prêt à payer le loyer des locaux qui lui seraient affectés, lorsque le moment serait venu. En procédant ainsi, le Conseil général a voulu éviter toute difficulté pour le jour où, l'Hôtel de Ville devenant insuffisant, il serait nécessaire de séparer nettement les services départementaux. Ce jour semble venu, et le Conseil général, par sa délibération du 18 juin courant, a formellement déclaré qu'il ne fallait pas installer à l'Hôtel de Ville les services départementaux. Il est donc bien établi que, si cette installation a lieu, ce sera contre la volonté du Conseil général et du Conseil municipal, et que M. le Préfet agira sous sa propre responsabilité.

M. le Directeur des travaux. Les observations de M. Georges Martin portent d'abord sur la question du déménagement qui s'opère en ce moment, conformément à la délibération en date du 30 mai dernier par laquelle le Conseil municipal nous a ouvert un crédit de 25,000 francs. En prenant cette délibération, vous n'avez fait aucune distinction entre les services municipaux et les services départementaux. Il était hors de doute que, dans votre pensée, comme dans celle de l'Administration, les dépenses s'apppliquaient au personnel tout entier de la Préfecture.

Ce personnel, vous le savez, se divise en deux parties, le personnel départemental et le personnel municipal. Il y a une sous-direction départementale dont vous demandez le maintien aux Tuileries ; sur ce point, l'Administration vous donne satisfaction ; ce maintien est décidé, au moins jusqu'à nouvel ordre.

Quant aux autres services, ils sont en même temps municipaux et départementaux. M. Georges Martin vous disait qu'il n'avait jamais affaire à certains bureaux de l'Administration départementale ; il semble oublier qu'il est conseiller général en même temps que conseiller municipal. Or, en sa qualité de conseiller général, les services départementaux doivent l'intéresser autant que les services municipaux.

M. Georges Martin. Vous ne pouvez soutenir, je le répète, que le crédit voté par le Conseil municipal puisse être affecté au déménagement des services départementaux. Vous seriez le premier à protester, dans tout autre cas, contre de tels procédés financiers.

M. le Directeur des Travaux. Vous comprendrez, Messieurs, que la réorganisation de services aussi compliqués que ceux de la Préfecture de la Seine ne puisse se faire du jour au lendemain. Si vous jugez cette réorganisation utile aux intérêts de la Ville et du Département, l'Administration ne se refuse pas à étudier la question. Mais, pour le moment, nous sommes en face de Directions constituées, englobant à la fois des services municipaux et départementaux, que nous ne pouvons séparer qu'en entravant la marche générale des affaires et en imposant, soit à la Ville, soit au Département, des dépenses considérables.

J'ajoute, Messieurs, que lorsque vous nous avez alloué le crédit nécessaire au déménagement, on vous a indiqué que ce crédit s'appliquait au déménagement de services déterminés. A ce moment, vous n'avez fait aucune observation ; et c'est aujourd'hui, alors que le déménagement est presque terminé, que vous nous demandez de séparer des services qui ont été toujours réunis et qui ont leur place préparée à l'Hôtel de Ville !

Je vous rappelle que, l'année dernière, lors de l'inauguration de l'Hôtel de Ville, vous avez pris officiellement l'engagement d'y installer les services de la Préfecture avant le 14 juillet 1883. La délibération que vous propose M. Georges Martin ne tend à rien moins qu'à retarder l'exécution de cet engagement. Je tiens à vous déclarer qu'il nous est impossible de terminer le déménagement pour le 10 juillet, s'il nous faut, au milieu des embarras inévitables qu'il nous cause, procéder à la réorganisation des services.

M. Georges Martin s'est préoccupé d'une deuxième question, celle du logement du Préfet. Il nous a donné à entendre que le Gouvernement voulait se débarrasser du Préfet et le mettre, pour ainsi dire, à la porte du pavillon de Flore. En aucune façon. Dans sa lettre, M. le Ministre reconnaît parfaitement qu'il nous faut un délai pour opérer le déménagement de certaines Directions ; il donne donc au Préfet l'autorisation de disposer, pendant quelque temps encore, des locaux du pavillon de Flore. M. Georges Martin vous a dit encore : c'est au Gouvernement à loger son Préfet !

M. Georges Martin. Pardon, j'ai dit au Département et non au Gouvernement.

M. le Directeur des Travaux. Messieurs, c'est là une question jugée par la délibération que vous avez prise le 22 juillet 1872, et par laquelle vous avez autorisé les travaux de l'Hôtel de Ville. Les dépenses d'aménagement que nous avons faites l'ont été en vertu de cette délibération.

Or, elle porte à son art. 3 :

« Les bâtiments de l'Hôtel de Ville comprendront :

« 1° Les appartements de réception et le logement particulier du Préfet, avec ses dépendances, écuries, remises, cuisines, etc. ;

« 2° Les salles destinées aux réunions du Conseil municipal, de ses Commissions, et au service de son secrétariat ;

« 3° Les salles destinées au Conseil de préfecture et au service de son greffe et de son secrétariat ;

« 4° Deux grandes salles de réunions publiques, au moins ;

« 5° Le cabinet du Préfet de la Seine et les services qui y sont annexés ;

« 6° Le cabinet du Secrétaire général et les bureaux du secrétariat général ;

« 7° Les cabinets des quatre directeurs : de l'Administration générale, des Travaux de Paris, des Eaux et Égouts et de l'Enseignement et les bureaux dépendant de leurs directions ;

« 8° Les cabinets des trois inspecteurs d'architecture et les bureaux de l'architecte chargé de l'Hôtel de Ville et de ses annexes. »

J'ajouterai même qu'à cette époque le Conseil repoussa un amendement de M. Floquet, tendant à ménager, au nouvel Hôtel de Ville, deux salles différentes, l'une pour le Conseil municipal, l'autre pour le Conseil général.

L'Administration, Messieurs, a agi en vertu de cette délibération : il est évident que le Conseil peut la modifier aujourd'hui, mais je le supplie de n'en rien faire, de ne pas arrêter le déménagement commencé, et de ne pas mettre le désordre dans tous nos services.

La Direction départementale reste au pavillon de Flore ; M. le Préfet y conserve ses appartements jusqu'à nouvel ordre.

Nous demandons que les autres services, dont la place est assignée au nouvel Hôtel de Ville, y soient installés au plus tôt.

M. Cernesson. Je tiens à bien établir que l'Administration revendique, en ce moment, la responsabilité du déménagement de certains services départementaux. Or, le Conseil général a voté qu'aucun service départemental ne serait transporté à l'Hôtel de Ville sans son assentiment.

Dans ces conditions, M. le Préfet sait ce qu'il doit faire ; mais tout contribuable sera en droit d'actionner le Préfet, agissant à l'encontre d'une délibération du Conseil.

M. le Directeur objecte que le vote du Conseil municipal de 1872 a assigné certains locaux au

Préfet et aux services départementaux. Je lui répondrai que le Conseil municipal n'avait pas qualité pour prendre cette décision.

Quant au Conseil général, il n'a émis, sur ce point, aucun vote. La question reste donc entière. Pour le moment, il y a une affectation du pavillon de Flore aux services de la Préfecture ; aucune délibération n'autorise le Préfet à la modifier. S'il passe outre, il agira, je le répète, sous sa propre responsabilité.

M. Georges Martin. M. le Directeur des Travaux vient de vous dire que vous pouviez revenir sur votre délibération du 22 juillet 1872. Je vous demande, moi, de ne point la modifier, et voici pourquoi : vous savez que nos délibérations sont soumises à l'approbation du Préfet ; or, M. le Préfet n'approuverait pas notre nouvelle décision.

Mais il n'en est pas de même des délibérations prises par le Conseil général, qui sont exécutoires sans cette approbation, et la délibération récemment prise par le Conseil général stipule formellement que les appartements du Préfet et les services départementaux ne seront pas transportés à l'Hôtel de Ville. Cette délibération est légale. Je vous demande de vous en tenir là, sans vous préoccuper de celle du Conseil municipal de 1872.

Le Conseil général a décidé qu'il louerait des locaux pour la Préfecture.

M. le Directeur des Travaux. Pardon ! la délibération ne porte pas cela.

M. le Secrétaire général de la Préfecture de la Seine. Je rappelle que le Conseil général a seulement invité l'Administration à entrer en négociations avec l'État.

M. Georges Martin. Je dépose la proposition suivante :

« La délibération du 30 mai 1883, ouvrant un crédit pour le déménagement des bureaux de la Préfecture de la Seine, n'a pu et n'a voulu ouvrir ce crédit que pour le déménagement des bureaux municipaux à l'exclusion des bureaux départementaux.

« Les services municipaux et le Conseil municipal seront installés à l'Hôtel de Ville le 10 juillet. »

M. Jobbé-Duval. M. Georges Martin a rappelé la délibération du 22 juillet 1872 ; mais il ne vous en a pas montré toute l'importance.

Cette délibération a été prise au moment où l'on établissait le programme du concours pour la construction de l'Hôtel de Ville. Si vous reveniez aujourd'hui sur le vote que le Conseil émit il y a onze ans, tous les appartements primitivement destinés aux fêtes et à l'habitation du Préfet seraient affectés à des bureaux pour lesquels ils ne sont nullement disposés. La dépense d'aménagement qui résulterait de cette détermination serait une perte considérable pour la Ville.

Si mon honorable collègue avait fait partie du Conseil en 1872, il aurait pu présenter les observations qu'il fait actuellement et j'aurais peut-être été de son avis, puisque j'ai fait alors partie de la minorité.

Mais aujourd'hui que l'Hôtel de Ville est terminé, pouvons-nous jeter à l'eau, comme nous l'avons fait jadis pour l'Hôtel-Dieu, les millions que coûterait la transformation des plans primitifs ?

D'ailleurs, ce serait un acte de vandalisme. Les salles d'un palais ne peuvent servir à des bureaux.

M. Joffrin. Elles sont pour le Préfet !

M. Manier. Et l'on n'a pas songé à créer une Bourse du travail!

M. le Président. Je vais mettre aux voix la proposition de M. Georges Martin.

M. le Secrétaire général de la Préfecture de la Seine. Je fais toutes les réserves que comporte une telle proposition.

Je rappelle encore une fois au Conseil qu'il a voté un crédit pour le déménagement des bureaux de la Préfecture de la Seine, sans distinguer les services communaux des services départementaux. Cette délibération a été inscrite et signée au registre, approuvée et exécutée. Il ne peut donc revenir sur une décision qui est définitivement acquise et qui continuera, d'ailleurs, dans tous les cas et quoi que vous votiez aujourd'hui, à couvrir entièrement la responsabilité de l'Administration.

M. Hattat, président de la 5ᵉ Commission. Messieurs, la proposition de l'Administration tendant à l'ouverture d'un crédit de 25,000 francs pour le déménagement de l'Hôtel de Ville a été inscrite à l'ordre du jour et délibérée régulièrement. C'est à ce moment, et non maintenant, qu'aurait dû se produire la protestation de M. Georges Martin.

Il y aurait danger à revenir sur un vote émis.....,

M. Rousselle. Le Conseil l'a fait hier pour la Banque de France.

M. Hattat. C'est vrai, mais il n'y avait pas, comme dans la question qui nous occupe, ouverture de crédit et commencement d'exécution.

Plusieurs Membres. L'ordre du jour pur et simple !

M. le Président. J'ai reçu une demande de scrutin sur l'ordre du jour pur et simple, signée de MM. Michelin, Dreyfus, Amouroux, Cernesson et Bourneville.

Le scrutin auquel il est procédé donne les résultats suivants :

Nombre de votants 64
Majorité absolue 33
Pour 30
Contre 34

En conséquence, le Conseil n'a pas adopté l'ordre du jour pur et simple.

Ont voté pour :

MM. Bartholoni, Binder, Cochin, Combes, Cussel, Depasse, Despatys, Dupont, Engelhard, Frère, Gamard, Grimaud, Hattat, Hervé, Jacques, Jobbé-Duval, Lainé, Alfred Lamouroux, Levraud, Loiseau, le colonel Martin, Marius Martin, de Ménorval, Monteil, Murat, Riant, Royer, Villard, Voisin, Watel.

Ont voté contre :

MM. Amouroux, Boll, Boué, Bourneville, de Bouteiller, Braleret, Cattiaux, Cernesson, Collin, Curé, Darlot, Delhomme, Desmoulins, Dreyfus, Dubois, Dujarrier, Guichard, Yves Guyot, Hovelacque, Joffrin, Sigismond Lacroix, Lyon-Alemand, Maillard, Manier, Marsoulan, Georges Martin, Mathé, Mesureur, Michelin, Robinet, Rousselle, Rouzé, Songeon, Vauthier.

En congé :

MM. Delabrousse, Deligny, Fiaux, Thorel.

N'ont pas pris part au vote, bien qu'ayant signé la feuille de présence :

MM. Forest, Ernest Hamel, Narcisse Leven, Prétet, Rabagny, Réty, Reygeal.

Absents :

MM. Germer Baillière, Émile Level, le docteur Level, Aristide Rey.

M. LE PRÉSIDENT. Le Conseil est appelé à se prononcer sur la proposition de M. Georges Martin. J'ai reçu sur cette proposition une demande de scrutin signée de MM. Guichard, Hovelacque, Georges Martin, Darlot et Sigismond Lacroix.

Le scrutin auquel il est procédé donne les résultats suivants :

Nombre de votants	64
Majorité absolue	33
Pour	35
Contre	29

Le Conseil a adopté la proposition de M. Georges Martin (1883 ; C. 166).

Ont voté pour :

MM. Amouroux, Boll, Boué, Bourneville, de Bouteiller, Braleret, Catliaux, Cernesson, Collin, Curé, Darlot, Delhomme, Desmoulins, Dreyfus, Dubois, Dujarrier, Guichard, Yves Guyot, Hovelacque, Joffrin, Sigismond Lacroix, Lyon-Alemand, Maillard, Manier, Marsoulan, Georges Martin, Mathé, Mesureur, Michelin, Réty, Robinet, Rousselle, Rouzé, Songeon, Voisin.

Ont voté contre :

MM. Bartholoni, Binder, Cochin, Combes, Cussel, Depasse, Despatys, Dupont, Engelhard, Frère, Gamard, Grimaud, Hattat, Hervé, Jacques, Jobbé-Duval, Lainé, Alfred Lamouroux, Levraud, Loiseau, le colonel Martin, Marius Martin, de Ménorval, Monteil, Murat, Riant, Royer, Villard, Watel.

En congé :

MM. Delabrousse, Deligny, Fiaux, Thorel.

N'ont pas pris part au vote, bien qu'ayant signé la feuille de présence :

MM. Forest, Ernest Hamel, Narcisse Leven, Prétet, Rabagny, Reygeal, Vauthier.

Absents :

MM. Germer Baillière, Émile Level, le docteur Level, Aristide Rey.

Le 29 juin 1883, le *Journal officiel* publiait le décret suivant :

Le Président de la République française,

Sur le rapport du Ministre de l'Instruction publique et des Beaux-Arts,

En prévision de l'évacuation prochaine des parties du Louvre et des Tuileries occupées provisoirement par les services de la ville de Paris ;

Vu l'ordonnance du 14 juin 1833, réglant le mode à suivre en matière d'affectation d'immeubles domaniaux à un service public de l'État,

Décrète :

ARTICLE PREMIER. — Sont affectés au ministère de l'Instruction publique et des Beaux-Arts (service des musées nationaux), tous les locaux des palais du Louvre et des Tuileries, occupés actuellement par les services de la ville de Paris.

ART. 2. — Le Président du Conseil, ministre de l'Instruction publique et des Beaux-Arts, est chargé de l'exécution du présent décret, qui sera inséré au *Bulletin des lois*.

Fait à Paris, le 26 juin 1883

JULES GRÉVY.

Par le Président de la République :

Le Président du Conseil, ministre de l'Instruction publique et des Beaux-Arts,

Jules FERRY.

Renvoi par le Conseil général à la Commission des immeubles départementaux, d'une proposition de M. Georges Martin tendant à loger le Préfet de la Seine et les services départementaux à la caserne de la Cité.

Séance du 19 novembre 1883.

M. Georges Martin. Messieurs, le Conseil général de la Seine a pris, le 18 juin dernier, la délibération suivante :

« Monsieur le Préfet de la Seine est invité à maintenir provisoirement les services départementaux au pavillon de Flore et à négocier, dès maintenant, avec l'État, le prix du loyer qui pourrait être fixé d'un commun accord entre le Département et l'État pour loger les services départementaux dans le pavillon de Flore. »

M. le Préfet de la Seine ayant transmis, le 23 juin, à M. le Ministre de l'Instruction publique et des Beaux-Arts, président du Conseil des ministres, la délibération du Conseil général, a reçu, le 26 juin, une lettre que vous pouvez lire dans le procès-verbal de la séance du Conseil municipal du 27 juin dernier (1).

Le même jour où il adressait cette lettre à M. le Préfet de la Seine, M. le Président du Conseil des ministres présentait à la signature de M. le Président de la République le décret qui est inséré au *Journal officiel* du 29 juin et dont vous avez déjà connaissance (2).

La loi obligeant les départements à pourvoir au logement du Préfet, à l'ameublement et à l'entretien du mobilier de l'hôtel de Préfecture (loi du 10 mai 1838, art. 12, §§ 3 et 4), le Conseil général a le devoir de prendre une décision immédiate.

De 1803 à 1845, le département de la Seine a payé à la ville de Paris un loyer annuel de 12,000 francs pour le logement du Préfet et l'installation des services départementaux dans le palais municipal. Une délibération du Conseil municipal de Paris, en date du 1er août 1845, ratifiée par le Conseil général de la Seine, porta ce loyer à 40,000 francs. Cette somme fut payée jusqu'en 1870.

Le projet de Budget rectificatif du Département pour l'exercice 1879 portait à l'art. 2 du sous-chap. xx, sous la rubrique : *Contingent du département de la Seine dans les dépenses de réédification de l'Hôtel de Ville*, un crédit de 2,614,400 francs.

Notre collègue, M. Stanislas Leven, dans la séance du 6 novembre, déposa une proposition tendant à la suppression de ce crédit.

Le 4 décembre, M. Antide Martin, au nom des 1re et 2e Commissions du Conseil général, déposait un rapport conforme; l'impression en ayant été votée, la discussion n'eut lieu qu'à la séance du 6 décembre.

---

(1) Voir page 19.

(2) Voir page 27.

Le Conseil général fut d'avis que le Département ne devait pas contribuer aux dépenses de reconstruction de l'Hôtel de Ville.

Le département de la Seine n'a donc et n'a voulu avoir aucun droit de propriété sur l'Hôtel de Ville.

Si le Conseil municipal de Paris, appelé à prendre des résolutions au sujet de la reconstruction du palais municipal de Paris, a décidé, par sa délibération du 22 juillet 1872, que les bâtiments de l'Hôtel de Ville comprendraient « les appartements de réception et le logement particulier du Préfet avec ses dépendances, écuries, remises, cuisines, etc... », il est certain maintenant que l'augmentation de la population parisienne depuis cette époque a occasionné un accroissement tel des services municipaux qu'il n'est plus possible de loger dans l'Hôtel de Ville le Préfet de la Seine, les services municipaux et les services départementaux accrus, eux aussi, par la même cause, et, en outre, par suite de la suppression des sous-préfectures de Saint-Denis et de Sceaux.

L'État ne pouvant pas nous louer le pavillon de Flore qu'occupe actuellement la Préfecture de la Seine, la ville de Paris ne pouvant pas davantage nous louer une partie de l'Hôtel de Ville, il nous reste à chercher quel édifice, appartenant au Département, conviendrait le mieux à l'installation de la Préfecture de la Seine et de ses bureaux.

Nous pensons que l'ancienne caserne de la Cité, occupée par la Préfecture de police et par l'état-major des sapeurs-pompiers et celui de la garde républicaine, conviendrait, à tous les points de vue, à l'établissement de la Préfecture de la Seine.

Réunir dans cet immense édifice les deux Préfectures de la Seine et de Police présenterait de réels avantages pour la population.

Située dans l'île de la Cité, berceau de notre cher Paris, en face du Palais de justice et du Tribunal de commerce, largement aérée du côté de la Seine, du côté du marché aux Fleurs et de la place du Parvis-Notre-Dame, à proximité du Sénat, de la Chambre des députés et de l'Hôtel de Ville, cette propriété départementale est spécialement indiquée pour devenir l'hôtel des deux Préfets de la Seine et de police.

Les soussignés ont donc l'honneur de proposer le projet de délibération suivant :

« Le Conseil général,

« Vu sa délibération en date du 18 juin 1883 ;

« Vu la lettre du 26 juin, par laquelle M. le Président du Conseil des ministres déclare qu'il est impossible à l'État de louer au département de la Seine le pavillon de Flore actuellement occupé par la Préfecture de la Seine ;

« Vu l'urgence de pourvoir au logement du Préfet de la Seine et des bureaux de la Préfecture ;

« Vu le § 3 de l'art. 4 de la loi de 1838 sur l'affectation des édifices départementaux ;

« Vu les §§ 3 et 4 de l'art. 12 de ladite loi de 1838 concernant les hôtels de préfecture, leur ameublement et l'entretien du mobilier de ces hôtels et de leurs bureaux ;

« Délibère :

« Article premier. — La caserne de la Cité, actuellement occupée par la Préfecture de police, l'état-major des sapeurs-pompiers et celui de la garde républicaine, sera exclusivement affectée au logement de MM. les Préfets de la Seine et de police et des bureaux des deux préfectures.

« Art. 2. — M. le Préfet de la Seine devra remettre au Conseil général, dans un délai de six mois, le devis des dépenses que nécessitera l'installation des deux préfectures et de leurs bureaux.

« Art. 3. — L'Administration préfectorale saisira immédiatement le Conseil municipal de Paris de la présente délibération, afin que cette assemblée prenne les mesures nécessaires pour caserner l'état-major des sapeurs-pompiers et celui de la garde républicaine, et fasse connaître au département de la Seine à quelle époque il pourra rentrer en possession de la caserne de la Cité.

  « *Signé* : Georges Martin, Songeon, Dreyfus, Pichon, Desmoulins, Fiaux, Rousselle, Mesureur, Amouroux, Guichard, Michelin, Boué, Darlot, Delhomme, Hovelacque, Émile Level, Lyon-Alemand, Maillard, de Bouteiller, Dujarrier, Rouzé, Collin. »

Le renvoi de cette proposition à la 1re Commission est ordonné.

RAPPORT DE M. CERNESSON AU CONSEIL GÉNÉRAL SUR LA PROPOSITION DE M. GEORGES MARTIN TENDANT A INSTALLER LE PRÉFET DE LA SEINE ET LES SERVICES DÉPARTEMENTAUX DANS LA CASERNE DE LA CITÉ. — ADOPTION DE L'AMENDEMENT DE M. GEORGES MARTIN AU PROJET DE DÉLIBÉRATION PRÉSENTÉ PAR LA COMMISSION.

Séance du 24 avril 1884.

M. Cernesson. La 1re Commission a été saisie d'une proposition de M. Georges Martin tendant à affecter la caserne de la Cité au logement de MM. les Préfets de la Seine et de police et aux bureaux des deux préfectures.

Après avoir pris connaissance du rapport présenté sur le même objet à l'avant-dernière session et de la lettre par laquelle M. le Ministre, président du Conseil des ministres, demande que les locaux du pavillon de Flore lui soient restitués, la Commission a étudié cette proposition et s'est convaincue qu'elle se liait intimement à un projet conforme aux désirs du Conseil, projet que l'Administration étudie et qui consiste à évacuer les locaux occupés par l'état-major des sapeurs-pompiers et à créer un quartier général d'incendie.

Cette création comportant des travaux de longue durée, la Commission ne propose pas de décider l'évacuation immédiate de l'hôtel de l'état-major des pompiers, mais elle demande au Conseil d'acquérir un édifice qui serait consacré à l'hôtel de la Préfecture ou d'approprier dans le même but celui qu'occupe actuellement le service des pompiers.

Je vous propose, en conséquence, l'adoption du projet de délibération suivant :

« Le Conseil général,

« Vu la loi du 18 juillet 1866, notamment l'art. 1er, § 4. ainsi conçu :

« Les Conseils généraux statuent définitivement sur les affaires ci-après désignées, savoir :

« 4° Changement de destination des propriétés et édifices départementaux autres que les hôtels de préfecture et sous-préfecture ;

« Attendu que, par lettre du 26 juin dernier, M. le Président du Conseil, ministre de l'Instruction publique et des Beaux-Arts, a déclaré qu'il était impossible de continuer l'affectation du pavillon de Flore au logement du Préfet de la Seine et des services de la Préfecture de la Seine ;

« Attendu qu'il y a lieu de rechercher, parmi les édifices départementaux, celui qui pourrait être affecté à l'usage du logement du Préfet de la Seine et des bureaux du Département ;

« Vu la proposition de M. Georges Martin et de plusieurs de ses collègues ;

« Délibère :

« Il y a lieu de rechercher un édifice pouvant être affecté au logement du Préfet de la Seine, soit par l'acquisition d'un immeuble spécial qui serait approprié à cet effet, soit en transformant l'hôtel de l'état-major des sapeurs-pompiers.

« Dans ce dernier cas, il y aurait lieu de faire prendre par la ville de Paris les mesures nécessaires à l'évacuation du logement du colonel des sapeurs-pompiers et à la création d'un hôtel d'état-major ou d'un quartier général d'incendie. »

M. le Préfet de la Seine. Je ne peux que remercier l'honorable rapporteur de la proposition qu'il soumet au Conseil général et me montrer très touché de le voir se préoccuper d'assurer un logement au Préfet de la Seine, au cas où l'hospitalité lui serait refusée au pavillon de Flore. Je suis très sensible (*Rires*) à cet empressement, mais j'ai le regret de ne pas pouvoir accepter cette offre obligeante, car je me trouve déjà engagé. Le Conseil municipal a pris, le 10 juin 1873, une délibération approuvant un projet de MM. Ballu et de Perthes, avec les plans y annexés.

Or, dans ces plans, figurent les locaux réservés au logement du Préfet. Ce vote a été approuvé par un arrêté du 10 novembre 1873 qui l'a rendu irrévocable. Le logement du Préfet est donc à l'Hôtel de Ville.

M. le Rapporteur. Le Conseil général ne l'a jamais décidé.

M. le Préfet de la Seine. Je ne fais pas autre chose en ce moment que de m'excuser auprès du Conseil général de ne pouvoir accepter l'offre gracieuse qui m'est faite par l'organe de M. Cernesson.

Je me trouve lié par des engagements antérieurs qui résultent d'un vote du Conseil municipal et des arrêtés de mes prédécesseurs.

Je m'empresse d'ajouter, ce qui me console, que je ne me sépare pas du Conseil, puisque je siégerai à l'Hôtel de Ville à côté des services départementaux. Je ne fais d'ailleurs qu'obéir aux termes de l'arrêté du 10 novembre 1873, tout en restant avec le Conseil.

Il ne faut pas oublier que la loi veut que le Préfet soit logé là où sont placés les services qui sont sous ses ordres et que le Conseil ne peut, dès lors, prononcer leur séparation.

La proposition ne pourra être utilement prise en considération que le jour où la Préfecture de la Seine n'existerait plus telle qu'elle est aujourd'hui constituée.

Dans l'état actuel, j'ai le regret d'être obligé de décliner l'offre de M. le Rapporteur. (*Très bien ! Applaudissements au centre*).

M. Georges Martin. Messieurs, M. le Préfet est venu faire de l'esprit à cette tribune et n'a pas discuté avec la gravité nécessaire une affaire des plus sérieuses.

Je demande au Conseil la permission de traiter la question à fond, elle en vaut la peine.

M. le Préfet vient nous dire :

« Je suis Préfet de la Seine mais aussi Maire de Paris et, comme je suis logé en vertu d'une délibération du Conseil municipal, je n'ai que faire du logement qui m'est offert par le Conseil général. »

Permettez-moi de vous faire remarquer qu'aucune délibération du Conseil municipal ne porte que le Préfet sera logé à l'Hôtel de Ville ; la ville de Paris, qui réclame un maire, n'a jamais eu l'intention de faire au Préfet de la Seine la gracieuseté de le loger avec tous les services départementaux.

La loi est formelle : c'est le Département qui doit pourvoir au logement du Préfet et des services départementaux, c'est à lui qu'incombe cette charge.

Avant 1871, une partie de l'Hôtel de Ville était louée au Département.

Quand, en 1873, le Conseil eut à reconstruire l'Hôtel de Ville incendié, il fit étudier des plans où on prévoyait le logement du Préfet dans l'Hôtel même, ainsi que celui des services départementaux, comme par le passé. La question du loyer que le Département pourrait avoir à payer ne fut pas abordée ; les Conseillers d'alors laissèrent à leurs successeurs le soin de résoudre cette affaire.

En 1879, l'Administration demanda au Conseil général un crédit de 2,614,000 francs, ainsi libellé au Budget rectificatif du Département : Contingent du Département dans les dépenses de réédification de l'Hôtel de Ville.

Voici quel était la thèse soutenue : Comme on prévoit dans le projet du programme de concours accepté par le Conseil municipal, pour la reconstruction de l'Hôtel de Ville, que le Préfet pourra être logé dans le palais municipal, nous proposons de participer aux dépenses de reconstruction de cet édifice.

Notre regretté collègue Antide Martin, à cette époque rapporteur du Budget, demanda au Conseil général de rejeter ces conclusions, parce qu'à un moment donné, disait-il, il pouvait survenir, au point de vue financier, des difficultés pour la séparation des intérêts municipaux et départementaux lors de la nomination présumée d'un préfet de la Seine et d'un maire de Paris.

Le Conseil municipal ayant prévu dans ses délibérations que, comme par le passé, le Préfet pourrait être logé dans l'Hôtel de Ville, il n'y avait pas lieu pour le Département de participer aux dépenses de reconstruction de l'Hôtel de Ville, la question du loyer qui serait à payer ne devant être examinée que plus tard par le Conseil général.

Aujourd'hui, le Département se trouve en présence de trois solutions : ou il offrira à la Ville un loyer qu'elle acceptera, si elle trouve le chiffre suffisamment élevé, ou il affectera au logement du Préfet un local départemental, où il prendra en location un édifice autre que l'Hôtel de Ville pour loger le Préfet avec les services départementaux, ou bien enfin il acquerra un édifice pour en faire l'Hôtel de la Préfecture de la Seine.

L'Hôtel de Ville ne peut contenir tous les services municipaux et départementaux et, à moins que le Département ne mette la Ville à la porte de chez elle, pour s'installer comme le propose M. le Préfet de la Seine, il est démontré que, depuis 1873, la population ayant aussi bien doublé dans le département que dans la ville, l'Hôtel de Ville de Paris est insuffisant pour contenir les services municipaux et départementaux, ainsi que cela avait lieu avant 1870.

M. Depasse. L'orateur défend en ce moment les intérêts de la Ville et non ceux du Département.

M. Georges **Martin**. Je parle au nom du Département et j'exprime simplement mon avis.

Obligés légalement de pourvoir au logement du Préfet de la Seine et de ses services, nous nous sommes adressés au Gouvernement; nous avons dit : le Préfet est logé au pavillon de Flore, il est votre représentant direct. Nous, Département, nous ne pouvons pas occuper, sans payer un loyer, des bâtiments de l'État; aussi nous proposons de vous louer le pavillon de Flore.

Le Gouvernement a répondu : J'ai besoin de ces locaux, je les laisse provisoirement à votre disposition, mais hâtez-vous de trouver une nouvelle installation.

Dans cette situation, nous avons déposé une proposition qui consiste à installer le Préfet de la Seine et le Préfet de police, ainsi que les services départementaux, dans l'hôtel de la Cité, édifice départemental qui deviendrait ainsi l'hôtel des préfectures de la Seine et de police.

Pour obtenir la place nécessaire, il faudra déplacer l'état-major des pompiers et de la garde républicaine.

Ce n'est pas le Département qui doit loger les pompiers, pas plus que les gardes de Paris. Si on les loge dans un bâtiment départemental, il faudra établir un compte avec la Ville qui aura un loyer à payer.

Il y a à inviter la Ville à chercher des locaux pour ses services municipaux; cela fait, la caserne de la Cité suffira amplement pour loger les deux préfets et leurs bureaux.

Légalement, la délibération que nous prendrons sur ce point ne pourra être contestée.

Il est bien certain que M. le Préfet ne peut vouloir entrer dans l'Hôtel de Ville comme un conquérant dans une ville conquise.

Il ne peut, aux termes de la loi, qu'entrer dans un édifice régulièrement affecté à l'usage de la Préfecture par une délibération du Conseil général.

Cet hôtel peut appartenir au Département ou être loué par lui, la loi laisse la latitude de la location et n'impose pas au Département l'obligation de la possession de l'hôtel de préfecture.

Il n'est pas inutile de rechercher si, même dans le passé, il y a eu une délibération régulière du Conseil général affectant l'Hôtel de Ville au préfet de la Seine.

Si nous recherchons, dans le passé, comment le préfet de la Seine s'est installé à l'Hôtel de Ville, nulle délibération du Conseil général n'a autorisé cette installation.

Une décision des consuls (du 5 frimaire an XI) porte ce qui suit :

Article premier. — Les bureaux de la Préfecture du département de la Seine, ceux de la Commission des contributions et du Conseil de préfecture seront transférés à l'Hôtel de Ville de Paris et dans les bâtiments du Saint-Esprit, avant le 1er germinal.

« Art. 2. — Les registres et papiers du Domaine national seront transférés dans les bâtiments de Saint-Jean-en-Grève.

« *Le premier consul,*

« *Signé* : BONAPARTE. »

Le Préfet de la Seine Frochot était installé à la place Vendôme. Une lettre du Ministre de l'intérieur lui enjoignit d'avoir à prendre des mesures et des dispositions pour installer à l'Hôtel de Ville ses services et son logement. L'administration de l'Enregistrement et des Domaines fut transférée ailleurs, et divers particuliers qui avaient obtenu des logements dans la maison communale furent obligés de les rendre. L'on trouve à ce sujet aux archives du Département une lettre de Frochot au sieur Prudhon, peintre, pour l'inviter à évacuer le logement qui lui avait été concédé à l'Hôtel de Ville.

L'adjonction des bureaux de la Préfecture du département à ceux de l'administration municipale de Paris nécessita l'accroissement des dépendances de l'ancien Hôtel de Ville. Dans un rapport daté du 20 avril 1803, Frochot proposait au Conseil général, qui faisait alors fonctions de Conseil municipal, une somme de 196,000 francs, applicable à divers travaux et à l'achat du terrain sur lequel avait existé pendant plusieurs siècles la petite église Saint-Jean. Ce terrain, vendu comme propriété nationale, appartenait depuis quelques années à un sieur Belta.

Dans un rapport daté du mois de janvier 1804, le Préfet s'exprimait ainsi :

« A l'est de l'Hôtel de Ville existe un terrain formant l'emplacement de l'ancienne église de Saint-Jean-en-Grève, contenant une superficie de 831 m. 76 c.

« Lorsque, par l'ordre du Gouvernement, la Préfecture fut transférée à l'Hôtel de Ville, le citoyen Belta, propriétaire dudit terrain, avait déjà commencé des constructions sur cet emplacement. . . . .

« En conséquence, conclut à l'achat du terrain aux dépens de la Ville. »

De 1803 à 1845, ainsi que le dit notre proposition, le département de la Seine a payé à la ville de Paris un loyer annuel de 12,000 francs pour le logement du Préfet et l'installation des services départementaux dans l'Hôtel de Ville. Le 1er août 1845, le Conseil municipal a demandé qu'à l'avenir le loyer annuel payé par le département de la Seine fût de 40,000 francs, et le Conseil général a ratifié cette délibération par une inscription au budget départemental d'une somme de 40,000 francs.

Donc, dans le passé, un loyer était payé par le Département à la Ville ; dans le présent, le Département ne peut admettre que le Préfet habite à l'Hôtel de Ville sans qu'un loyer soit payé.

Êtes-vous, Messieurs, d'avis de payer un loyer ? ou voulez-vous, ce qui vaudrait mieux, loger le Préfet dans un édifice départemental, où il n'y aurait aucun loyer à payer ?

Ou bien, enfin, préférez-vous acquérir ou louer un immeuble pour en faire la Préfecture de la Seine ?

M. le Préfet ne peut arguer de sa qualité de maire de Paris pour prétendre se loger à l'Hôtel de Ville. Nulle loi n'impose aux villes l'obligation de loger le maire, celui qui remplit ces fonctions fût-il préfet de la Seine.

M. le Préfet ne peut donc se prévaloir de ce fait que son logement a été prévu, lors de la reconstruction de l'Hôtel de Ville, dans ce monument, pour y entrer de force.

Légalement, le Préfet doit loger dans l'hôtel de la Préfecture.

Le Préfet doit loger dans l'immeuble affecté à son logement par le Département. Or, le Département n'a pu affecter l'Hôtel de Ville, puisqu'il n'a sur ce bâtiment aucun droit de propriété, qu'il a même refusé d'en avoir un, lorsqu'il n'a pas voulu contribuer à sa réédification.

Si donc M. le Préfet entre à l'Hôtel de Ville, il commettra un acte inqualifiable, et je ne crois pas que le Gouvernement le tolérerait. Quelque puissants que soient les préfets, ils ne peuvent avoir la prétention de s'installer dans un hôtel de ville et d'en chasser les services municipaux pour y introduire les services départementaux.

Dans ces conditions, je maintiens la proposition que j'ai faite, et je vous prie de délibérer qu'il y a lieu de rechercher quels locaux seront affectés à M. le Préfet de la Seine. Si, malgré cette décision, malgré la loi, le Préfet s'installe à l'Hôtel de Ville, ce sera au Conseil municipal à savoir ce qu'il conviendra de faire et quelles revendications devront être formulées.

J'ai mon plan que je n'ai pas à faire connaître ici; mais je sais ce que je proposerai au Conseil municipal lorsque le Conseil général aura délibéré, et que le moment sera venu de faire utilement ma proposition.

En résumé, j'accepte les conclusions de la Commission, si celle-ci spécifie que M. le Préfet ne quittera le pavillon de Flore que pour entrer dans les locaux que le Conseil général lui affectera.

M. Pichon. Je demande l'avis de la Commission sur cette interprétation proposée par M. Georges Martin.

M. le Rapporteur. La Commission n'a pas délibéré sur cette nouvelle proposition.

Je dois dire, d'ailleurs, que M. le Préfet de la Seine a parlé tout à l'heure comme s'il se croyait devant le Conseil municipal.

M. le Préfet de la Seine. Je conteste cette affirmation.

M. le Rapporteur. M. le Préfet a cru devoir, en outre, se livrer à quelques plaisanteries fâcheuses ; il est étrange qu'un fonctionnaire, quel qu'il soit, se permette de plaisanter quand il s'agit des intérêts de la Ville. (*Applaudissements.*) En parlant sur ce ton, M. le Préfet a méconnu son rôle d'administrateur de la Ville et du Département.

Cela dit, je déclare hautement que la question en jeu n'est pas une simple question de logement, c'est la revendication de la mairie de Paris. (*Très bien !*)

M. Gamard. L'aveu est plein de franchise.

M. le Rapporteur. Je répète que la Commission a vu, dans la question de logement, un moyen d'affirmer la mairie centrale.

M. Georges Martin. Et la séparation des services de la Ville et du Département.

M. le Rapporteur. Parfaitement. La loi de 1866 dit que le Conseil général est souverain en ce qui concerne les affectations d'immeubles départementaux, sauf pour les hôtels de préfecture, qu'il ne peut désaffecter. Or, la Commission ne propose pas de désaffecter le pavillon de Flore ; mais M. le Ministre a fait connaître que M. le Préfet devrait bientôt quitter ce domicile ; elle dit alors : « Cherchez un local à lui donner. »

Cette proposition n'est pas en opposition avec celle de M. Georges Martin. Si la Commission n'a pas accepté tous les termes de cette dernière, c'est que M. Georges Martin propose d'installer des services départementaux dans un immeuble où se trouvent des services municipaux, et qu'il semble préférable à la Commission de faire évacuer par ces derniers le local que nous destinons aux premiers.

M. Jobbé-Duval. Comme membre de la Commission, je déclare que, si la question a été agitée dans son sein, elle n'y a jamais été résolue.

On ne parle donc pas au nom de la Commission.

M. Gamard. Jamais, en effet, moi présent, une résolution n'a été prise.

M. Jobbé-Duval. J'ajoute que j'ai assisté à toutes les séances de la Commission.

M. le Rapporteur. Je m'étonne que, n'ayant pas assisté à une délibération de Commission, on vienne contester que cette délibération soit valable.

M. Depasse. Si l'on a parlé d'ironie et d'esprit dans ce débat, je prétends qu'on en a fait également de part et d'autre.

MM. Georges Martin et Cernesson n'ont cessé de dire que le Conseil général offrait généreusement au Préfet les frais de son logement. Ils ont disputé à la ville de Paris la possession du Préfet de la Seine. M. Cernesson a fini par déclarer franchement qu'il s'agissait de la mairie centrale. (*Très bien !*)

La thèse d'esprit, de finesse et de subtilité, soutenue par MM. Cernesson et Georges Martin, n'a été interrompue qu'à un seul instant, c'est lorsque M. Cernesson a dit très franchement que la seule question en cause était la mairie centrale. Eh bien ! cette question n'est pas la question du jour. Toute la loi municipale et toute la loi départementale sont à faire. Je n'ai cessé de le dire et de réclamer ces lois en toute occasion. La question de l'enceinte fortifiée de Paris apportera elle-même de grandes modifications dans la situation réciproque du Département et de la Ville. Il est donc du devoir du Conseil d'attendre ; il y a toutes sortes de raisons qui empêchent de croire que la loi municipale de Paris puisse être faite aujourd'hui ou demain.

Je demande que l'on maintienne la délibération qui a affecté un logement au Préfet à l'Hôtel de Ville.

Voilà ce que le Conseil doit faire ; et cela, parce que c'est la solution la plus simple, la plus pratique et la moins onéreuse.

M. Delabrousse. M. Depasse a déplacé la question. Il a parlé de projets d'avenir, de la suppression des fortifications, de la mairie centrale.

M. Depasse. Je n'accepte pas la responsabilité de ce déplacement de la question. Cette responsabilité incombe à M. Cernesson, qui a introduit dans le débat la mairie centrale.

M. Delabrousse. Je constate, en tout cas, que M. Depasse a terminé ses observations en demandant le maintien de la délibération du Conseil municipal relative au logement du Préfet. M. le Préfet est en somme dans cette situation d'un homme qui veut entrer dans un immeuble et qui doit justifier préalablement de son droit. Le Conseil lui demande où est son titre.

Il répond en invoquant une délibération du Conseil municipal. Le Conseil général lui dit : Ce n'est pas le Conseil municipal, c'est le Conseil général qui a qualité pour attribuer un logement au préfet du Département ; montrez-nous une délibération du Conseil général ; vous ne le pouvez pas. Dans ces conditions, je demande à M. le Préfet s'il prétend entrer sans titre dans cet immeuble qui s'appelle l'Hôtel de Ville de Paris.

M. Georges Martin parlait d'un arrêté des Consuls relatif à Frochot ; il est peu probable que M. le Préfet veuille invoquer cet arrêté ; il sait bien qu'une loi est intervenue depuis. Je soutiens que, pour le logement de M. le Préfet, il faut une délibération du Conseil général ; jusque-là, il ne saurait entrer dans un immeuble qui ne lui a pas été affecté.

M. Michelin. C'est une question de dignité.

M. Delabrousse. C'est aussi une question de responsabilité civile, dont les conséquences peuvent être très graves. Je demande au Conseil général de régulariser aujourd'hui la situation de M. le Préfet de la Seine.

M. Depasse. Je reprends à titre d'amendement la proposition de M. Stanislas Leven, tendant à l'inscription d'une prévision de crédit de 100,000 francs pour le loyer à payer à la ville de Paris à l'occasion des localités occupées à l'Hôtel de Ville par les services départementaux.

M. le Rapporteur. La Commission a repoussé cette proposition.

M. Depasse. Je la reprends à titre d'amendement parce que je pense que, par cette proposition, je défends mieux, et surtout plus économiquement, les intérêts du Département. Je n'oublie pas que je parle ici devant le Conseil général. Ces 100,000 francs coûteront moins au Département que les palais qu'on propose de construire et qui absorberont plusieurs millions.

M. le Préfet de la Seine. Je croyais avoir répondu déjà tout ce que j'avais à répondre. On propose au Conseil une résolution tendant à aménager le logement du Préfet de la Seine et du Préfet de police à la caserne de la Cité. Je ne crois pas qu'il y ait lieu pour le Conseil général d'émettre un vote sur cette proposition. Il y a pour cela deux raisons : d'une part, en vertu de décisions antérieures du Conseil municipal, consacrées par des arrêtés, devenues irrévocables et déjà en parties exécutées, l'appartement du Préfet, partie constituante du corps municipal, ainsi que le déclare l'art. 11 de la loi du 20 avril 1834, est placé à l'Hôtel de Ville.

D'autre part, d'après la loi, le Préfet ne peut être séparé de ses services.

Actuellement, les services départementaux et les services municipaux sont inséparables ; ils sont sans distinction placés sous l'autorité d'un magistrat unique, le Préfet de la Seine. Quand la Préfecture de la Seine ne sera pas ce qu'elle est, quand la mairie de Paris sera indépendante d'elle, on pourra examiner la question de séparation ; ce n'est pas le cas pour le moment, et tant que le Conseil général du Département siègera à l'Hôtel de Ville avec le Conseil municipal, le Préfet de la Seine devra y rester avec eux. *(Très bien !)*

M. Joffrin. Ce sont là des paroles révolutionnaires.

M. Pichon. Jamais préfet n'a tenu devant une assemblée un pareil langage.

M. Michelin. J'ai été surpris par l'attitude de bien des préfets, mais je n'en ai jamais vu une semblable à celle de M. le Préfet actuel. M. le Préfet dit tout simplement : Vous ne voulez pas que j'entre à l'Hôtel de Ville, j'entrerai où je voudrai.

M. le Préfet de la Seine. Il ne s'agit pas de moi.

M. Michelin. L'Hôtel de Ville a été bâti aux frais de la Ville, et le Conseil général du département n'a contribué en rien à cette dépense. Le Conseil municipal entend réserver l'Hôtel de Ville aux affaires municipales et ne croit pas que le Préfet ait le droit d'y entrer malgré le Conseil municipal et malgré les délibérations du Conseil général qui vont intervenir. En terminant, je rappelle M. le Préfet aux convenances envers les élus du département.

M. Pichon. Parfaitement, très bien !

M. le Préfet de la Seine. Quant à moi, je rappelle le Conseil à ses votes. C'est sur eux que je me fonde uniquement ; je ne peux accepter une proposition tendant à modifier des décisions prises par le Conseil municipal et qui sont devenues des actes irrévocables. Si c'est manquer au Conseil que de lui rappeler ses votes, j'avoue que je ne comprends plus le sens des mots.

M. Michelin. Le Préfet ira loger là où l'enverra le Conseil général.

M. Strauss. Je propose l'ajournement. La question, comme on l'avoue, d'ailleurs, très loyalement, est grave, puisqu'elle ne tend à rien moins qu'à la séparation des services municipaux et départementaux. Les explications de M. Georges Martin et de M. Cernesson ont été décisives. Le Conseil général comprendra l'importance du vote qu'on lui demande d'émettre en se rappelant que ses décisions sont sans appel.

M. Georges MARTIN. C'est pour cela qu'on voudrait faire délibérer sur cette question en Conseil municipal.

M. STRAUSS. Si l'on veut absolument régler cette question si délicate et si considérable avant les élections, il faut que la discussion soit placée sur son véritable terrain, celui de la séparation des services, et à la fois au Conseil général et au Conseil municipal. Tels sont les motifs qui me font demander l'ajournement de cette discussion.

M. Georges MARTIN. Si vous étiez plus ancien au Conseil, mon cher collègue, vous sauriez que la question est posée devant le Conseil général depuis 1873 et qu'elle a été examinée par lui sous toutes ses faces.

M. STRAUSS. Je ne l'ignore pas.

M. DELIGNY. Je suis d'avis, comme M. Strauss, que cette question doit être examinée sérieusement. La proposition de M. Georges Martin est à côté de la véritable question ; on ne peut la résoudre ni poser un principe à l'aide d'un incident accessoire. Qu'on vote franchement un vœu pour la séparation des services municipaux et départementaux. Mais la proposition de M. Georges Martin, aussi bien que celle de la Commission, ne sera qu'un coup d'épée dans l'eau qui excitera une douce gaieté.

Je demande, en conséquence, l'ordre du jour pur et simple sur ces deux propositions.

M. PICHON. Je viens combattre, à la fois, l'ordre du jour pur et simple et la demande d'ajournement.

Je comprends très bien la difficulté que les auteurs de ces propositions éprouvent à se prononcer sur la question. Placés, d'une part, entre la population parisienne qui veut une mairie centrale et le Gouvernement qui la refuse, ils sont fort embarrassés, on le conçoit. Mais c'est précisément parce que le Conseil est à la fin d'une session et à la veille des élections qu'il croit indispensable que le peuple de Paris sache quels sont les conseillers qui veulent la mairie centrale et quels sont ceux qui ne la veulent pas.

Et voilà pourquoi, sans même prendre la peine de discuter les observations présentées par M. le Préfet de la Seine et qui rappellent les discours des préfets de combat les plus acharnés contre les libertés municipales de Paris ; sans examiner le fond de la question — qui pour moi n'est pas douteuse, alors même que je ne serais pas résolument partisan de la proposition de mon ami, M. Georges Martin, — je n'hésiterai pas à demander au Conseil de voter les conclusions de la Commission.

Il faut savoir, en effet, si la ville de Paris est décidée à se soumettre à un préfet qui, au nom d'on ne sait quel droit antérieur et supérieur, prétend s'imposer à elle et qui déclare que, quelles que soient les décisions prises par le Conseil général et par le Conseil municipal, il n'en tiendra aucun compte.

M. LE PRÉFET DE LA SEINE. J'ai dit tout le contraire et ma prétention est de m'en tenir aux décisions antérieures du Conseil.

M. Pichon. J'affirme que M. le Préfet a dit qu'il s'installerait à l'Hôtel de Ville, même malgré le Conseil.

M. le Préfet de la Seine. Les votes précédents du Conseil m'y obligent.

M. Pichon. Cette affirmation est inexacte et le Préfet n'a pu citer aucun vote du Conseil général dans le sens indiqué.

M. le Préfet de la Seine. Il y a là une équivoque.

M. Pichon. L'équivoque est créée par le Préfet et par ses amis.

Je ne suis pas de ceux qui reculent devant les responsabilités. Aussi je veux que la question soit posée avec franchise. Il faut qu'on sache quels sont ceux qui veulent la Mairie centrale et les moyens pratiques de l'obtenir.

Plusieurs membres. La clôture !

La clôture, mise aux voix, est prononcée.

M. le Président. Je suis saisi d'une demande d'ordre du jour pur et simple pour laquelle il y a une demande de scrutin.

M. Combes. Je demande le vote par appel nominal à la tribune.

M. Dupont. J'appuie cette proposition.

Le scrutin par appel nominal auquel il est procédé donne les résultats suivants :

Nombre de votants	35
Majorité absolue	18
Pour	5
Contre	30

L'ordre du jour pur et simple n'est pas adopté.

Ont voté pour :

MM. Combes, Deligny, Dupont, Loiseau, Murat.

Ont voté contre :

MM. Allaire, Boll, Cernesson, Curé, Darlot, Delabrousse, Delhomme, Desmoulins, Dreyfus, Guichard, Jacques, Jobbé-Duval, Joffrin, Lefèvre, Lyon-Alemand, Maillard, Marsoulan, Georges Martin, Mathé, de Ménorval, Mesureur, Michelin, Pichon, Benjamin Raspail, Réty, Robinet, Rousselle, Rouzé, Royer, Songeon.

Excusés :

MM. Aclocque, de Bouteiller, Cochin, Hovelacque, Alfred Lamouroux, Stanislas Leven, Rabagny.

En congé :

M. Voisin.

N'ont pas pris part au vote, bien qu'ayant signé la feuille de présence :

MM. Amouroux, Binder, Blanche, Boué, Braleret, Cattiaux, Collin, Cusset, Decorse, Depasse,

Despatys, Engelhard, Frère, Gamard, Germer Baillière, Grimaud, Yves Guyot, Hattat, Hervé, Lainé, Narcisse Leven, Levraud, Manier, le colonel Martin, Marius Martin, Aristide Rey, Reygeal, Riant, Ruben de Couder, Sauton, Strauss, Vauthier, Villard.

Absents :

MM. Bartholoni, Forest, Ernest Hamel, Jacquet, le docteur Level, Monteil.

M. Deligny. Le résultat du scrutin montre que le Conseil n'est pas en nombre. (*Protestations.*)

M. Dreyfus. Il vient de se passer dans cette assemblée un fait antiparlementaire. Quelques membres ont organisé le système de l'abstention volontaire, ce qui leur permet de confondre leurs noms avec ceux des absents et de dénaturer ainsi le caractère politique du vote.

M. Strauss. M. Dreyfus vient d'attribuer à un certain nombre de membres de cette assemblée une arrière-pensée contre laquelle je proteste pour ma part. C'est bien avant la demande d'ordre du jour pur et simple que j'ai déposé ma motion d'ajournement et je déclare que je voterai l'amendement de M. Depasse reprenant la proposition de M. Stanislas Leven, sur laquelle nous pourrons nous compter.

Je déclare que je n'ai nullement voulu tendre un piège à mes adversaires ; je ne fuis pas le débat, mais je veux rester logique dans la situation. Il n'appartient pas au Conseil de faire œuvre législative et je ne veux pas réclamer la séparation des services départementaux et municipaux par des moyens extra légaux... (*Oh! Oh! Bruit.*) Je ne dis pas illégaux.

M. Delabrousse. Expliquez la différence.

M. Strauss. Je considère que le Conseil général, en réglant la question de la séparation des services, se substituerait au Conseil municipal, sans toutefois prendre une délibération illégale.

M. Dreyfus. C'est par une nouvelle équivoque qu'on veut renvoyer le débat devant le Conseil municipal. Ici, en vertu de la loi de 1836, le Conseil général est souverain, tandis que le Conseil municipal est impuissant. Il suffit du refus d'exécuter de M. le Préfet de la Seine pour faire tomber la délibération. (*Très bien !*)

M. Robinet. Au point de vue légal, le Conseil général est souverain en cette matière, et personne ne pourra annuler la délibération.

M. le Préfet de la Seine. Le Conseil général n'est pas plus souverain que le Conseil municipal. Le Conseil général doit se maintenir dans les attributions fixées par la loi et ne pas tenter de faire indirectement ce qu'il lui est interdit de faire directement, c'est-à-dire, ainsi que l'a déclaré très nettement le rapporteur, voter la mairie centrale.

M. Strauss. M. Dreyfus me prête une tactique que je n'ai point. Je considère simplement que la question ne peut être tranchée par le Conseil général, puisqu'elle est d'ordre législatif. (*Bruit.*)

Je prie d'ailleurs le Conseil de me laisser continuer, puisque, si j'ai tort et si je défends des théories fâcheuses, il sera loisible à mes collègues de faire mon procès devant le corps électoral.

La délibération n'a pas un caractère illégal mais extra-légal ; ce n'est pas une subtilité que j'introduis ici dans la discussion. Cela veut dire que le Conseil général se substitue au Conseil municipal en ce moment et que la plupart des membres qui vont prendre part au scrutin voteront plus à titre de conseillers municipaux qu'à titre de conseillers généraux.

M. DELABROUSSE. Le Conseil obéit simplement à la loi de 1838.

M. STRAUSS. On a intérêt à ce que l'affaire soit examinée ; il s'agit là d'une question financière.

Le Conseil général aurait à dépenser plus d'un million s'il voulait faire une autre installation, tandis qu'il n'aura à supporter qu'une dépense de 100,000 francs pour profiter de l'hospitalité qui lui est généreusement donnée par la Ville.

M. GEORGES MARTIN. Je crois que le débat est épuisé et que, d'autre part, quand il s'agit d'un vote aussi important que celui-ci, il est indispensable que tout le Conseil général y prenne part.

Je dépose en conséquence l'ordre du jour suivant :

« Vu la loi du 10 mai 1838 et celle du 18 juillet 1866, qui créent pour les départements l'obligation de pourvoir au logement des préfets et des services départementaux ;

« Vu la lettre de M. le Président du Conseil des ministres en date du 30 juin 1883 ;

« Le Conseil général

« Délibère :

« Il y a lieu de rechercher un édifice pour loger le Préfet de la Seine et les services départementaux le jour où, conformément à la lettre de M. le Président du Conseil des ministres, le pavillon de Flore, qui est actuellement affecté à cet effet, sera rendu par le Département à l'État.

« *Signé* : Georges Martin, Dreyfus. »

Je demande que le scrutin sur cette proposition figure en tête de l'ordre du jour de la prochaine séance.

M. STRAUSS. M. Georges Martin me donne satisfaction, puisqu'il demande l'ajournement.

M. DEPASSE. J'ai demandé la parole pour un fait personnel. L'esprit pénétrant de M. Dreyfus découvre partout des tactiques. Je me suis abstenu de voter l'ordre du jour pur et simple, mais je tenais en réserve la proposition de M. Stanislas Leven. Cette pensée qu'une partie du Conseil a voulu faire illusion au public sur le nombre des membres présents dans cette assemblée est peu digne ; je la repousse et j'espère que mon collègue ne la maintiendra pas.

Je me suis abstenu sur l'ordre du jour pur et simple parce que cet ordre du jour n'était pas une solution. Mon abstention aboutissait donc à un acte catégorique et à un vote ferme sur le fond.

Je pouvais d'autant moins chercher à créer une illusion sur le nombre des membres présents que j'étais dans la salle pour reprendre séance tenante, comme amendement, la proposition de M. Stanislas Leven.

Je maintiens mon amendement pour demain.

M. DREYFUS. Je me félicite d'avoir provoqué ces explications.

Cela prouve qu'une partie du Conseil ne vote pas comme ses amis à la Chambre. Il était intéressant de le constater.

M. Michelin. M. le Préfet a dit que le Conseil général n'était pas souverain; c'est vrai. Mais, comme maire de Paris, le Préfet n'a pas droit à un logement; comme préfet de la Seine, le Département doit le loger. Les membres du Conseil appliqueront la loi comme conseillers généraux; voilà tout.

M. le Préfet de la Seine. Je répète que c'est la question de la mairie centrale que l'on veut résoudre indirectement.

M. Combes. Je voterai l'amendement qu'on propose au Conseil, parce que je suis partisan de la mairie de Paris.

M. le Président. Je mets aux voix la clôture de la discussion.

M. Georges Martin. Le Conseil n'est pas aussi nombreux qu'il devrait l'être pour voter sur une question aussi importante. Des collègues pourraient regretter de n'avoir pas pris part au vote. Pour éviter toute surprise et toute équivoque, je demande l'ajournement et l'inscription du vote en tête de l'ordre du jour de la prochaine séance.

M. le Président. Je mets aux voix le maintien à l'ordre du jour, en tête, des propositions de MM. Georges Martin et Stanislas Leven.

Adopté.

ADOPTION DE LA PROPOSITION DE M. GEORGES MARTIN.

Séance du 25 avril 1884.

L'ordre du jour appelle le scrutin sur la proposition de M. Georges Martin tendant à l'affectation de la caserne de la Cité au logement de MM. les Préfets de la Seine et de police et aux bureaux des deux préfectures.

M. le Président. Je rappelle qu'il y a sur cette affaire une contre-proposition de M. Stanislas Leven qui a été reprise par M. Depasse.

M. Depasse. Je demande la parole.

M. Michelin. La clôture de la discussion générale a été prononcée. Je demande, en tous cas, qu'elle soit mise aux voix.

M. Depasse. Je n'entends pas rouvrir la discussion générale. Je veux seulement présenter quelques observations au sujet de mon amendement, qui n'est autre que la proposition de M. Stanislas Leven tendant à l'inscription d'une prévision de crédit de 100,000 francs pour le loyer à payer à la ville de Paris à l'occasion des localités occupées à l'Hôtel de Ville par les services départementaux.

J'appuie cette proposition, au point de vue politique et au point de vue budgétaire. Je rappelle qu'hier j'ai exprimé cette opinion, que le Conseil général de la Seine se montrerait bon administrateur des finances du Département en votant 100,000 francs pour le loyer du logement du Préfet et des services départementaux au lieu de s'engager dans des frais vagues et indéfinis.

J'accepte pourtant la situation telle qu'elle est et je consens à ne pas séparer le Conseil municipal et le Conseil général ; j'accepte cette confusion de pouvoirs, cette anarchie perpétuelle, et j'en prends texte pour rappeler que, quant à moi, je n'ai pas cessé de réclamer une loi départementale pour la Seine et une loi municipale pour Paris.

Quand le maire entrera à l'Hôtel de Ville, je veux qu'il y entre par la porte de la légalité. Ce jour-là, M. le Préfet lui cédera la place. Tout cela se fera légalement. Je n'ai qu'un désir : c'est que cette loi de Paris et du département de la Seine, divisant les services et les classant, soit faite au plus tôt.

C'est là une question urgente et capitale.

M. Strauss. Très bien!

M. Depasse. Au point de vue financier, j'accepte aussi cette situation complexe et confuse. Je suis bien obligé de l'accepter telle qu'elle est, puisque je ne peux pas la changer du jour au lendemain. Eh bien, j'affirme que, comme conseiller municipal et comme conseiller général, je préfère jusqu'à nouvel ordre la proposition de M. Stanislas Leven, parce qu'elle me paraît la solution la moins onéreuse pour le Département et pour la commune.

M. Michelin. C'est la présence du préfet de la Seine qui est onéreuse pour la commune.

M. Depasse. Ce sont là les raisons qui m'ont déterminé à reprendre cette proposition à titre d'amendement.

M. Cernesson, rapporteur. La proposition de M. Stanislas Leven tend à l'inscription d'un crédit au Budget alors que le Budget est voté et approuvé. De ce côté, rien à faire. Tel qu'il se présente, l'amendement de M. Depasse ne peut donc être voté.

M. Depasse. On peut prendre les 100,000 francs sur la réserve.

M. le Rapporteur. La 1re Commission a repoussé cette proposition comme n'ayant aucune chance d'être acceptée par le Conseil municipal.

Le traité exige en effet deux parties, et l'une des deux ne le ratifierait certainement pas.

Le Conseil municipal a déjà repoussé, en effet, la subvention de 4,000,000 de francs offerte par le Département pour la reconstruction de l'Hôtel de Ville; il serait donc bien peu disposé, on le conçoit, à approuver les nouvelles conditions proposées par M. Leven.

J'espère que mes collègues n'adopteront pas la proposition de M. Depasse.

M. Depasse. Je ne peux admettre avec M. le Rapporteur que les intérêts de la ville de Paris soient lésés si l'on votait, pour le loyer de M. le Préfet à l'Hôtel de Ville, la modique somme de 100,000 francs. Ceux du Département et ceux de la Ville à la fois seraient bien plus lésés encore et la charge serait bien plus onéreuse pour les deux, si le Conseil adoptait ce que propose M. le Rapporteur, car les dépenses à faire dépasseraient évidemment 100,000 francs.

M. Michelin. Là n'est pas la question. Le Conseil ne veut pas du locataire, voilà tout !

M. Georges Martin. Que pense l'Administration de l'amendement de M. Stanislas Leven ?

M. Depasse. Le Conseil n'a pas à demander sur ce point l'avis de M. le Préfet, mais seulement à se prononcer, en tenant compte des intérêts respectifs de la Ville et du Département.

M. Georges Martin. J'insiste pour que M. le Préfet réponde à ma question.

M. le Préfet de la Seine. Dans la précédente séance, j'ai dit qu'à mon avis le Conseil général n'avait pas à voter sur une proposition qui tend à séparer le Préfet de la Seine des services placés sous sa direction et à distinguer entre une mairie de Paris hypothétique et la Préfecture de la Seine telle que les lois l'ont constituée.

Cette prétention étant illégale, je ne crois pas avoir à me prononcer sur les questions qu'il plaît à M. Georges Martin de me poser à ce propos.

M. Georges Martin. Messieurs, il résulte de la réponse de M. le Préfet qu'il entend d'une manière absolue résister à la loi, si vous votez le projet de délibération que j'ai l'honneur de vous soumettre. Hier, M. le Préfet a invoqué celle de 1834 et a dit que, faisant partie du corps municipal, il devait habiter l'Hôtel de Ville. La discussion ayant été close, je n'ai pas l'intention de la rouvrir. Mais je ne puis pas ne pas vous faire remarquer que les lois de 1838 et 1866, sur les conseils généraux, toutes deux dans l'espèce applicables au Conseil général de la Seine, disent :

La première :

« Art. 4. — Le Conseil délibère :

3° Sur le changement de destination ou d'affectation des édifices départementaux, s'il y a lieu ;

4° Sur le mode de gestion des propriétés départementales. »

La seconde :

« Art. 10. — Si un Conseil général omet d'inscrire au Budget un crédit suffisant pour l'acquittement des dépenses suivantes :

1° Loyer et entretien des hôtels de préfecture et de sous-préfecture ;

2° Casernement ordinaire des brigades de gendarmerie ;

3° Loyer, mobilier et menues dépenses des cours et tribunaux, et menues dépenses des justices de paix.

Il y est pourvu au moyen d'une contribution spéciale portant sur les quatre contributions directes et établie par un décret impérial dans les limites du maximum annuellement fixé par la loi de finances, ou par une loi si la contribution doit excéder ce maximum.

Le décret est rendu dans la forme des règlements d'administration publique. Il est inséré au *Bulletin des lois.* »

Vous voyez que la loi dit que le Conseil général est obligé de pourvoir au logement du préfet et des bureaux de la préfecture. S'il n'y pourvoit pas, dans des bâtiments qui lui appartiennent, il doit payer un loyer et, si le prix de ce loyer n'est pas inscrit au Budget, le gouvernement peut l'inscrire d'office.

M. Stanislas Leven, dans son amendement, reste dans les termes de la loi, en nous proposant de voter un crédit pour le loyer des locaux que M. le Préfet devra, selon notre collègue, occuper à l'Hôtel de Ville.

Je crois que cet amendement ne pourra être accepté par le Conseil général.

La tactique de l'Administration, depuis le jour de la reconstruction de l'Hôtel de Ville, a été d'installer dans ce monument le Préfet avec les services départementaux et d'en chasser les services municipaux. Le Conseil général n'est pas obligé d'avoir les mêmes vues que l'Administration et peut trouver que le Préfet de la Seine et les services départementaux seront mieux ailleurs qu'à l'Hôtel de Ville de Paris.

M. le Préfet nous dit : « Le Conseil municipal a déjà pris une délibération que je trouve bonne et qui me donne un logement à l'Hôtel de Ville. » M. le Préfet se trompe. Cette délibération, qui porte la date du 22 juillet 1872, n'avait d'autre but que de donner une base au concours à ouvrir pour la reconstruction de l'Hôtel de Ville.

Cela est si vrai que l'art. 4 de cette délibération porte :

« Les bâtiments de l'Hôtel de Ville comprendront :

1° Les appartements de réception et de logement particulier du Préfet, avec ses dépendances, etc. ;

2° Les salles destinées aux réunions du Conseil municipal, de ses Commissions, etc.; . . .

. . . .

4° Deux grandes salles de réunions publiques au moins ; . . . .

. . . .

7° Les cabinets des quatre directeurs : de l'Administration générale, des Travaux de Paris, etc.. . . . .

. . . . »

Comment cette délibération a-t-elle été exécutée ?

Où sont, dans l'Hôtel de Ville, les deux salles de réunions publiques ?

Où est le cabinet du sous-directeur de l'Administration municipale ?

La direction de l'Enseignement ira à la caserne Lobau avec la sous-direction des Affaires municipales.

La délibération du 22 juillet 1872 ne constituait donc pas un engagement formel et M. le Préfet de la Seine ne peut s'appuyer sur elle pour soutenir qu'il a le droit de loger à l'Hôtel de Ville. Elle devait servir de base à un concours, simplement.

D'ailleurs, cette délibération qu'on invoque a subi de nombreuses modifications ; c'est donc sur un texte maintes fois changé que M. le Préfet s'appuie pour déclarer qu'il logera dans l'Hôtel de Ville, malgré la loi de 1838 et la loi de 1866 que nous allons appliquer dans un instant, du moins je l'espère.

Le jour où j'ai déposé ma proposition, nos collègues suburbains, par l'organe de M. Ruben de Couder, ont déclaré qu'ils l'acceptaient, parce qu'ils la regardaient comme un acheminement vers la séparation des intérêts de la ville de Paris et de ceux du département de la Seine.

Ils ont eu raison ; ils ont compris que, si le Conseil municipal, réduit à l'impuissance par la loi, pouvait s'agiter longtemps encore sans aboutir à aucun résultat, le Conseil général avait les moyens légaux de réaliser en partie cette séparation que tous désirent. Ses délibérations, en effet, peuvent se passer de l'approbation préfectorale.

Il n'en est pas de même de celles du Conseil municipal ; c'est pourquoi nos adversaires cherchent à renvoyer cette affaire au Conseil municipal et à nous faire commettre ainsi une faute peut-être irréparable.

Quand le Conseil général aura prononcé, le Préfet sera forcé de s'incliner ; sinon, je demande par quel procédé il pourra se refuser à se conformer à votre délibération légalement prise.

La loi est, en effet, formelle, incontestable.

Si, aujourd'hui, Messieurs, vous ne votez pas ma proposition, dans six mois, dans un an, le Gouvernement peut inscrire d'office à notre Budget un crédit pour le loyer des logements préfectoraux à l'Hôtel de Ville ; et alors l'Administration pourrait dire qu'il y a eu prise de possession légale de l'Hôtel de Ville par M. le Préfet, le Conseil général ayant négligé de faire le nécessaire en ne délibérant pas en temps utile, et ayant créé le devoir au Gouvernement d'intervenir, selon les termes mêmes de la loi.

Je me résume, Messieurs.

Actuellement, M. le Préfet est régulièrement logé au pavillon de Flore ; nous ne pouvons désaffecter ce bâtiment, mais, du jour où l'État reprendra possession de ses locaux, nous devrons pourvoir au logement de M. le Préfet.

Je vous propose, par le projet de délibération que je vous soumets, de pourvoir au logement du Préfet de la Seine et de satisfaire à l'obligation que nous impose la loi.

La question est grave. Vous tiendrez à honneur de la résoudre ; nos collègues suburbains, partisans de la séparation de la Ville et du Département, tiendront également à honneur de voter avec nous ; et j'espère ainsi que, sur ma proposition, il se formera une majorité comme on n'en rencontre pas souvent dans cette assemblée.

M. LE PRÉFET DE LA SEINE. M. Georges Martin a rouvert devant le Conseil général une discussion que le Conseil avait déclarée close ; il a apporté à la tribune des arguments sur lesquels il n'avait pas cru devoir s'arrêter hier et sur lesquels je serai très bref, parce que je considère que la place de cette discussion n'est pas au Conseil général *(Oh ! Oh !)*. Parfaitement ; c'est devant le Conseil municipal qu'elle devrait être posée.

Je ne saurais cependant laisser passer sans les relever les assertions qui ont été formulées au sujet des modifications qu'auraient subies les plans affectant une aile de l'Hôtel de Ville au logement du Préfet. J'ai dit hier que le Conseil municipal avait pris, le 13 juin 1873, une délibération approuvant un projet de MM. Ballu et de Perthes, avec les plans y annexés, qui comprenaient le logement du Préfet. Un arrêté préfectoral a approuvé cette délibération et l'a rendue irrévocable.

Les travaux ont été entrepris en conformité de cette délibération et, actuellement, ils sont à peu près terminés.

Voilà donc une délibération devenue définitive, appuyée par l'autorité compétente, constituant une détermination ferme se traduisant par des travaux exécutés au vu et su du Conseil.

M. HOVELACQUE. Si la théorie de M. le Préfet était admise, les soixante et quelques autres communes du Département n'auraient pas voix à la question.

M. LE PRÉFET DE LA SEINE. Le Conseil a prétendu que des modifications avaient été apportées aux plans primitifs ; cela est possible, mais aucune ne concerne le logement du Préfet.

M. PICHON. Ce sont ces modifications que le Conseil demande aujourd'hui d'introduire.

M. LE PRÉFET DE LA SEINE. On a tenté, à plusieurs reprises, par des considérations diverses, de déplacer l'appartement du Préfet. Ainsi, lorsqu'on a reconnu que les services ne pourraient tous être contenus dans l'Hôtel de Ville, plusieurs combinaisons ont été mises en avant.

En 1880, M. Vauthier présenta un contre-projet tendant à installer à l'Hôtel de Ville tous les services : ce contre-projet entraînait, comme conséquence, le départ du Préfet de l'Hôtel de Ville.

M. Vauthier ne contestait pas la nécessité de réunir les services départementaux et municipaux ; il croyait simplement préférable d'affecter les bâtiments de la caserne Lobau au Préfet et l'Hôtel de Ville à tous les services de la Préfecture.

Le Rapporteur, au nom de la Commission, fit remarquer que l'espace que l'on gagnerait ne suffirait pas pour installer dans l'édifice tous les services de la Préfecture.

Il fallait donc aménager la caserne Lobau en vue du surplus des services et, dès lors, il n'y avait pas intérêt à ne pas loger le Préfet à l'Hôtel de Ville.

La proposition de M. Vauthier n'avait plus de raison d'être.

Les conclusions de la Commission furent adoptées.

L'Administration, se conformant au vote du Conseil, fit l'étude demandée de l'aménagement de la caserne Lobau. Elle en saisit le Conseil, et, lors de la discussion du rapport de M. Jobbé-Duval à ce sujet (séance du 5 mai 1881), MM. Hovelacque et de Lanessan déposèrent un amendement ainsi conçu :

« Les soussignés demandent le renvoi à la 5e Commission, avec invitation d'étudier l'attribution de tout le bâtiment de l'Hôtel de Ville aux services administratifs, les appartements de M. le Préfet étant installés dans un local annexe à déterminer. »

Cette proposition ne changeait pas encore la situation.

MM. Hovelacque et de Lanessan ne songeaient pas alors à dénier l'obligation de loger le Préfet. Ils ne parlaient pas d'en laisser la charge au Département.

Ils disaient seulement que le Conseil municipal pouvait déterminer à son choix le local où le Préfet serait logé.

M. le Préfet Herold fit alors observer avec beaucoup d'à propos « qu'il aurait fallu proposer cela avant le concours de 1872, dont le programme a servi de base aux projets des architectes ».

M. Cernesson s'opposa à l'adoption de l'amendement Hovelacque, par la raison qu'il fallait maintenir à l'Hôtel de Ville les appartements du Préfet qui, dans l'avenir, serviront au maire élu.

Enfin, par 39 voix contre 16, le Conseil repoussa l'amendement de M. Hovelacque et maintint à l'Hôtel de Ville l'appartement du Préfet

M. Georges Martin. On se trouve, en ce moment, en présence du Conseil général, qui a seul légalement qualité pour résoudre la question.

M. Hovelacque. Je rappelle également à M. le Préfet qu'il s'adresse pour le moment au Conseil général et non au Conseil municipal. Tout à l'heure, à ce dernier, M. le Préfet parlera au Conseil général. C'est toujours l'affaire de maître Jacques : « Est-ce à votre cuisinier ou à votre cocher, Monsieur, que vous vous adressez ? » Je demande que le Conseil passe au vote, l'opinion de tous étant faite.

M. le Préfet de la Seine. Cela équivaut à dire qu'il sera possible aux membres de parler et qu'il sera impossible au Préfet de répondre. J'ai exposé la situation. Il y a eu sur la question du logement du Préfet une affectation spéciale, consacrée par les votes successifs du Conseil municipal, qui a repoussé jusqu'ici toutes les propositions contraires. On n'a pas voulu séparer le Préfet de ses services et le placer vis-à-vis d'eux dans une situation irrégulière au point de vue de la loi.

Aujourd'hui on parle de séparer les services municipaux des services départementaux et de mettre le préfet dans la caserne de la Cité, loin des services municipaux et départementaux. Si l'on fait maintenant cette tentative, alors que la situation n'a pas changé, qu'il n'y a pas de maire de Paris et qu'il y a un Préfet de la Seine, c'est qu'on veut préparer indirectement l'organisation de la mairie centrale, en passant par dessus la légalité.

On demande au Conseil général ce vote et rien de plus ; on veut lui faire prendre un vote de principe, lui faire faire une véritable déclaration....

M. Hovelacque. Telle est en effet l'intention du Conseil.

M. le Préfet de la Seine. Ce vote ne peut avoir aucun résultat pratique.

Quelle est, en effet, la situation de la caserne de la Cité ? Actuellement, elle est occupée par la Garde républicaine et par le service des pompiers. Quand donc le Préfet pourrait-il y entrer ? Quand la Garde républicaine et les sapeurs-pompiers l'auront quittée. Eh bien, ces services n'en sortiront que quand on aura construit la caserne des Célestins pour la garde, et la caserne de l'état-major et du service central des pompiers dans l'îlot Notre-Dame. Or, l'emplacement de ces deux édifices est à peine déterminé à l'heure qu'il est : la première pierre n'en est même pas posée !

Combien d'années se passeront avant qu'ils soient construits?

Ce n'est donc que dans un avenir éloigné que, la garde républicaine et les pompiers ayant quitté la caserne de la Cité, le Préfet pourrait y être installé.

Mais, il y a plus ; pourquoi a-t-on décidé de faire construire une caserne pour la garde républicaine?

Pour que la Préfecture de police puisse être installée dans la caserne de la Cité ; elle sera aussitôt occupée par les services de la Préfecture de police.

Comment penser dès lors à y établir les services départementaux et le Préfet de la Seine ?

En résumé, pour le moment, la caserne de la Cité est occupée, elle ne pourra être évacuée que quand une autre sera construite et, quand cette évacuation sera chose faite, la Préfecture de police en prendra possession.

La proposition qui est soumise au Conseil n'a aucune valeur pratique, elle ne peut être suivie d'aucune exécution ; c'est une manifestation politique, c'est la séparation des services municipaux et départementaux, c'est la mairie de Paris qu'on demande au Conseil de voter d'une façon détournée.

On a paru croire que le Préfet voulait faire traiter la question par le Conseil municipal, parce que les délibérations de cette assemblée sont soumises à son approbation, tandis que celles du Conseil général sont exécutoires par elles-mêmes.

C'est se faire une singulière idée des lois que de supposer qu'elles sont à la merci d'une procédure plus ou moins subtile. Quand la loi a déterminé les conditions d'une situation, ce n'est pas au moyen d'un artifice qu'on peut arriver à éluder ses dispositions.

Les décisions du Conseil sont sujettes, comme celles du Conseil municipal, à l'annulation pour illégalité ou excès de pouvoir.

M. Michelin. Il n'y a aucun excès de pouvoir dans cette proposition ; il n'y a pas de loi qui permette d'annuler une telle délibération.

M. Joffrin. Si le Préfet de la Seine n'a pas de logement, M. le Préfet de police lui donnera l'hospitalité.

M. LE PRÉFET DE LA SEINE. La décision que prendrait le Conseil serait illégale, puisqu'elle supposerait accompli un fait qu'il réclame, mais qui n'a pas reçu la sanction des pouvoirs publics : la séparation des services départementaux et municipaux et la constitution de la mairie de Paris.

Ce qui existe, c'est un préfet réunissant l'administration municipale et départementale.

M. HOVELACQUE. Le Conseil ne reconnaît pas le préfet de la Seine comme maire de Paris.

M. LE PRÉFET DE LA SEINE. Je ne suis pas maire de Paris, mais préfet du département de la Seine et le Préfet a à la fois des attributions municipales et départementales. Tant que cette situation n'aura pas été changée par les pouvoirs publics, l'appartement du Préfet devra être là-même où sont les services qu'il dirige et, toutes les fois que le Conseil voudra porter atteinte à sa situation légale et empiéter ainsi sur les attributions du Parlement, il trouvera devant lui le Gouvernement qui le ramènera à l'observation des lois et aux limites de ses attributions.

M. DELIGNY. Je demande le rejet de la proposition de M. Depasse, car, si elle était votée, on pourrait l'interpréter comme une manifestation en faveur du maintien du *statu quo.* Or, comme je l'ai déjà dit hier, je suis d'avis qu'on ne peut trancher une question légale en la réduisant à une simple question de loyer. Je conclus donc au rejet de la proposition de M. Depasse.

M. Ernest HAMEL. La question qui s'agite est une question de principe.

M. Georges Martin disait tout à l'heure que la délibération du Conseil général n'était pas soumise à la ratification du Préfet de la Seine. M. Georges Martin pouvait avoir raison sur ce point ; mais il me semble que la loi de 1838 soumet toutes les délibérations du Conseil général à l'appro - bation, soit du chef du pouvoir exécutif, soit du ministre de l'Intérieur, soit du Préfet. La délibé- ration serait, en tout état, subordonnée à la ratification de l'autorité supérieure. Je considère donc que les conclusions de la Commission, si elles étaient adoptées, constitueraient une sorte de vœu.

Or, comme depuis six ans, j'ai toujours revendiqué, pour ma part, les franchises municipales et le droit commun pour la ville de Paris, ce qui implique la nomination d'un maire, je voterai pour les conclusions de la Commission que je regarde comme un vœu, ou plutôt comme le renouvellement de vœux déjà exprimés.

Quant aux attributions du maire, le Conseil n'a pas à s'en occuper ; c'est au pouvoir législatif d'en fixer les attributions dans la loi spéciale sur la ville de Paris.

M. PICHON. Je constate la différence qui existe entre le langage que M. le Préfet vient de tenir et celui qu'il tenait hier.

Hier, M. le Préfet s'est abstenu de répondre aux observations de M. Georges Martin et du rapporteur de la Commission. Il a, d'un ton dégagé, remercié M. Cernesson de sa gracieuseté et déclaré, en plaisantant, qu'il n'acceptait pas les offres généreuses qui lui étaient faites par le Conseil général.

M. le Préfet a tenu, au moins dans la forme, un langage peu digne d'un administrateur aussi considérable que le Préfet de la Seine.

Aujourd'hui, au contraire, il a consenti à discuter sérieusement et essayé d'apporter à la tri- bune des arguments.

Il est bon de constater qu'il y a progrès.

Je m'étonne, d'ailleurs, de voir M. le Préfet attribuer une si grande autorité aux décisions du Conseil municipal.

Comment un partisan aussi ardent de la centralisation, comment un adversaire aussi déclaré des libertés municipales, comment un homme qui nie tout pouvoir exécutif au Conseil de la commune, ose-t-il s'appuyer aujourd'hui sur les votes antérieurs des élus de la Ville pour empêcher le Conseil général de délibérer comme il l'entend ?

M. le Préfet vient dire que le Conseil municipal a, par une délibération de 1873, affecté des locaux dans l'Hôtel de Ville pour le logement du Préfet de la Seine, mais il oublie de répondre à l'objection fondamentale que présentait hier M. Georges Martin, lorsqu'il disait qu'avant 1870, si le Préfet de la Seine était logé dans l'Hôtel de Ville, le Département payait en retour son loyer à la Ville. Or, aujourd'hui, le Département ne paie pas de loyer, le Conseil général a même refusé toute part contributive dans les dépenses qu'a entraînées la construction de l'Hôtel de Ville. M. le Préfet ne peut donc plus s'appuyer sur une argumentation qui n'avait de valeur qu'antérieurement à 1873.

M. le Préfet invoque, il est vrai, l'intérêt que doit avoir la ville de Paris à trouver réunis dans les mêmes locaux le Préfet et les services municipaux. Mais, si la ville de Paris doit être consultée, n'est-il pas nécessaire aussi de connaître l'avis des 72 communes du Département ?

C'est pour cela qu'il appartiendra au Conseil, qui représente le Département, de prononcer dans cette question en toute souveraineté.

Tous les adversaires du projet de la Commission prononcent le mot d'illégalité. M. le Préfet dit qu'une loi s'oppose à ce que le Conseil émette le vote qui lui est demandé. Et quand le Conseil demande quelle est la loi qui se trouverait violée par ce vote, on se garde — et pour cause — de la citer. C'est qu'en réalité aucun texte de loi ne s'oppose à ce que l'on refuse à l'administrateur du Département un logement à l'Hôtel de Ville. Et lorsque M. le Préfet et ses amis combattent le projet de la Commission, sous prétexte qu'ils se refusent à sanctionner une délibération illégale, leur seul but est de créer une équivoque. (*Très bien ! à gauche.*) Ils veulent abuser la population de Paris et faire croire que le Conseil va prendre une décision contraire à la loi !

Eh bien ! cette équivoque, il ne faut pas qu'elle subsiste ; il faut que tout le monde sache qu'il n'y a rien d'illégal dans la résolution qui va être prise.

Et si, par impossible, une contestation s'élevait, elle serait résolue par le Conseil d'État. Mais cette contestation n'est pas à craindre ; le Conseil ne franchit pas les termes de la loi. Alors même que la thèse soutenue serait douteuse, alors même qu'on pourrait contester ultérieurement la validité du vote du Conseil, il n'appartiendrait à personne ici, pas plus à M. le Préfet de la Seine qu'à un membre du Conseil général, de venir déclarer par avance que l'on va voter, consacrer une illégalité (*Très bien ! à gauche.*)

Il s'agit, en définitive, de savoir quels sont ceux qui sont partisans de la Mairie centrale et qui veulent employer les moyens pratiques de l'obtenir, et quels sont ceux qui, la réclamant devant leurs électeurs, refusent de mettre leurs actes d'accord avec leurs paroles et essaient de se dérober par des habiletés de procédure à toute responsabilité. (*Très bien ! Applaudissements à gauche.*)

M. le Rapporteur. Le regretté M. Herold déclarait, en Commission du budget, que, fidèle aux principes qu'il avait défendus alors qu'il faisait partie du Conseil municipal, il soutiendrait les revendications du Conseil et que, dans sa pensée, les locaux préparés pour le logement du Préfet deviendraient les appartements du maire de Paris.

M. le Préfet tiendra-t-il le même langage ? Je ne le crois pas.

Eh bien ! voilà trois ans que la question est pendante, il est temps de la résoudre.

M. Michelin. Je ne comprends pas que cette discussion se prolonge. A quoi, en effet, se réduit la question ? A savoir qui, de la Ville ou du Département, est propriétaire de l'Hôtel de Ville. Le Département n'est pas intervenu dans la construction de l'Hôtel de Ville : il n'a aucun droit sur lui.

D'ailleurs, M. le Préfet n'est pas maire de Paris. Il l'a déclaré lui-même il n'y a qu'un instant ; et la ville de Paris n'a pas à loger le Préfet de la Seine, bien qu'il fasse fonctions de maire, au grand regret du Conseil.

Je m'étonne, d'autre part, d'entendre M. le Préfet combattre la théorie soutenue à la tribune. Il est bien évident qu'il est en complet désaccord avec le Gouvernement, je ne dis pas avec le ministre de l'Intérieur, M. Waldeck-Rousseau, ce nouveau venu de la politique, cet aigle, ce reflet du grand-maître (*rires et applaudissements à gauche*), mais avec M. Jules Ferry, président du Conseil.

Voici, en effet, ce qu'écrivait, en 1865, aux organisateurs du congrès de Nancy, M. Jules Ferry :

« Morceler l'autorité préfectorale, faire disparaître jusqu'au nom de cette institution issue en droite ligne des Césars de la décadence, c'est vraiment replacer la pyramide sur sa base. »

(*Très bien ! Très bien ! Exclamations à gauche*).

M. Cattiaux. M. Jules Ferry n'était pas alors président du Conseil.

M. Michelin. Il ne l'était pas, mais il avait déjà envie de le devenir. On fait bien des choses et on promet beaucoup pour se faire des amis. Et c'est cet homme qui accuse le Conseil de faire de la politique ! En a-t-il assez fait, lui ! et refait les électeurs et le pays ! (*Très bien ! à gauche.*) Il n'est pas mauvais de fourrer le nez, le long nez de M. Jules Ferry dans ce qu'il écrivait en 1865. (*Très bien ! à gauche. Rires.*)

M. le Préfet de la Seine. Je proteste contre l'inconvenance de ces paroles.

M. Michelin. Il n'y a d'inconvenant que l'attitude du Gouvernement et de l'Administration devant le Conseil général de la Seine.

M. Hervé. Messieurs, L'honorable M. Cernesson, hier, l'honorable M. Pichon, aujourd'hui, ont placé la question sur son véritable terrain. Ce qu'on vous propose de faire, c'est un premier pas vers la mairie centrale. Voilà le caractère de la proposition qui consiste à refuser au Préfet de la Seine un logement à l'Hôtel de Ville.

Je laisse donc de côté la question de droit administratif que M. le Préfet a traitée avec la compétence qui lui appartient ; je laisse également de côté la question du plus ou moins de rapidité de l'installation. Quel que soit l'intérêt pratique de cette dernière question, il est dépassé de beaucoup par la gravité du point de vue auquel se sont placés M. Cernesson et M. Pichon.

Sur la mairie centrale, chacun de nous a son opinion faite, et une longue discussion serait inutile. Mes amis et moi, nous sommes absolument contre l'établissement d'une mairie centrale ; nous voterons par conséquent contre la proposition de refuser au Préfet de la Seine un logement à l'Hôtel de Ville.

M. Hovelacque. Cela prouve que l'extrême gauche vote toujours avec la droite, comme l'en a accusé le gouvernement.

M. Hervé. C'est la dernière fois que je parais dans cette assemblée et que je prends la parole devant vous. Je n'ai jamais abusé de votre attention; je l'ai quelquefois obtenue et vous en remercie; je vous demande de me la garder quelques minutes encore.

Nous vous demandons, mes amis et moi, je vous demande instamment, au moment où je vais quitter, en les regrettant, le Conseil général de la Seine et le Conseil municipal de Paris, de ne pas faire ce premier pas vers la mairie centrale.

M. Joffrin. Il n'y a, en effet, que le premier pas qui coûte.

M. Hervé. Jusqu'à présent, vous n'avez émis que des vœux purement platoniques. On vous propose de faire quelque chose de plus, d'émettre un vote qui sera annulé. (*Protestations.*)

M. Michelin. On ira au Conseil d'État.

M. le Rapporteur. La délibération de juin dernier, invitant le Préfet à chercher un autre local que l'Hôtel de Ville, n'a pas été annulée, parce qu'elle ne pouvait pas l'être.

M. Hervé. Je remercie mon collègue de ce renseignement. S'il est exact, l'argument que je vais présenter n'en a que plus de force. S'il ne s'agit plus d'un vote platonique, s'il s'agit maintenant d'une résolution qui peut avoir des conséquences pratiques, je vous supplie de bien y réfléchir. Les libertés municipales qui nous sont chères, à mes amis et à moi, autant qu'à vous, je crois l'avoir prouvé plus d'une fois, ces libertés, craignez de les compromettre en entrant dans la voie où l'on veut vous engager.

Ce ne sont pas seulement les réactionnaires, comme vous dites, les monarchistes de toute nuance et de toute origine, ce sont aussi, vous n'avez qu'à lire les journaux pour vous en convaincre, ce sont surtout des républicains qui, en ce moment, épient les fautes que pourraient commettre le Conseil municipal de Paris et le Conseil général de la Seine. Ce sont eux qui s'en armeraient pour demander la suppression de la partie des libertés municipales sur laquelle nous sommes tous d'accord, la suppression du Conseil élu.

M. Michelin. Je voudrais bien voir nommer une Commission municipale.

M. Hervé. Moi, qui demandais sous l'Empire un Conseil élu; moi qui suis resté fidèle à cette opinion quand mes amis étaient au pouvoir; moi, qui suis encore et qui resterai dans les mêmes idées, je vous dis, au moment de sortir de cette assemblée pour n'y plus rentrer, je vous dis : Ne compromettez pas les libertés municipales; ce sont des républicains qui, le jour où vous aurez fait certains actes, supprimeront ces libertés. (*Très bien !*)

M. Georges Martin. On n'osera jamais toucher au Conseil élu : il n'est pas de ministère qui durerait vingt-quatre heures après un acte pareil.

M. Strauss. Je demande au Conseil de m'accorder, comme il vient de le faire à M. Hervé, quelques minutes d'attention, pour donner sa caractéristique au vote que le Conseil va émettre.

M. Hovelacque. Un vote ne s'explique pas.

M. Strauss. J'espère donner des explications qui satisferont les consciences des membres du Conseil et des électeurs.

M. Dreyfus. Cela est moins sûr.

M. Strauss. Je déclare qu'en votant l'amendement Stanislas Leven, mes amis et moi n'entendons pas pour cela nous rallier au maintien du *statu quo.*

La proposition de M. Georges Martin a été présentée pour poser la question de la Mairie centrale; je n'accepte pas, quant à moi, que la question soit posée de cette manière. Je ne veux pas compromettre la Mairie centrale par un vote qui pourrait être considéré par l'opinion publique comme une tentative d'empiétement sur le domaine législatif.

Mes amis et moi voterons pour l'amendement de M. Stanislas Leven; mais, en raison de l'attitude de la droite, nous ne voulons pas que ce vote puisse être interprété comme une manifestation contre la création de la Mairie qui ne tardera pas, je l'espère, à passer dans la loi.

M. Michelin. Elle passera dans la loi quand il plaira à M. Waldeck-Rousseau.

M. Hovelacque. Je constate que le ministère, dans cette circonstance et ici, est abandonné par ses amis.

M. le Président. Le Conseil est appelé à voter d'abord sur l'amendement de M. Stanislas Leven, tendant à l'inscription d'une prévision de crédit de 100,000 francs pour le loyer à payer à la ville de Paris, à l'occasion des localités occupées à l'Hôtel de Ville par les services départementaux.

Le scrutin auquel il est procédé donne les résultats suivants :

Nombre de votants	68
Majorité absolue	35
Pour	18
Contre	50

L'amendement de M. Stanislas Leven n'est pas adopté.

Ont voté pour :

MM. Binder, Cochin, Depasse, Despatys, Dupont, Engelhard, Frère, Gamard, Germer Baillière, Grimaud, Hervé, Jobbé-Duval, Lainé, Stanislas Leven, Loiseau, Riant, Sauton, Strauss.

Ont voté contre :

MM. Allaire, Amouroux, Blanche, Boll, Boué, de Bouteiller, Braleret, Cattiaux, Cernesson, Collin, Combes, Cusset, Darlot, Decorse, Delabrousse, Delhomme, Deligny, Desmoulins, Dreyfus, Guichard, Yves Guyot, Ernest Hamel, Hattat, Hovelacque, Jacques, Jacquet, Joffrin, Alfred Lamouroux, Lefèvre, Lyon-Alemand, Maillard, Marsoulan, Georges Martin, Mathé, de Ménorval, Mesureur, Michelin, Monteil, Pichon, Benjamin Raspail, Réty, Reygeal, Robinet, Rousselle, Rouzé, Royer, Ruben de Couder, Songeon, Vauthier.

Excusé :

M. Rabagny.

En congé :

M. Voisin.

Retenu au Conseil de revision :

M. Murat.

N'ont pas pris part au vote, bien qu'ayant signé la feuille de présence :

MM. Curé, Manier, Marius Martin, Villard.

Absents :

MM. Aclocque, Bartholoni, Forest, le docteur Level, Narcisse Leven, Levraud, le colonel Martin, Aristide Rey.

M. LE PRÉSIDENT. Il va être procédé au vote sur le projet de délibération de la Commission modifié par M. Georges Martin.

M. GEORGES MARTIN. J'aurais préféré que le Conseil général affectât, par sa délibération, un édifice départemental au logement du Préfet de la Seine et des bureaux de la Préfecture. Mais en présence des conclusions de la Commission qui paraissent, d'une manière générale, satisfaire le Conseil, je propose d'amender le projet de délibération qu'elle soumet par le projet suivant, que je crois tout à fait inattaquable au point de vue légal :

« Le Conseil général,

« Vu la loi du 10 mai 1838 et celle du 18 juillet 1866, applicables au département de la Seine, qui créent pour les départements l'obligation de pourvoir au logement des préfets et des services départementaux ;

« Attendu que, par lettre du 26 juin dernier, M. le Président du Conseil, ministre de l'Instruction publique et des Beaux-Arts, a déclaré qu'il était impossible de continuer l'affectation du pavillon de Flore au logement du Préfet de la Seine et des services du département de la Seine ;

« Attendu qu'il y a lieu de rechercher, parmi les édifices départementaux, celui qui pourrait être affecté à l'usage du logement du Préfet de la Seine et des bureaux du Département ;

« Vu la proposition de M. Georges Martin et de plusieurs de ses collègues ;

« Vu sa délibération sur le Budget rectificatif du Département pour 1879, en date du 6 décembre 1879 ;

« Vu sa délibération en date du 18 juin 1883 ;

« Délibère :

« Il y a lieu de rechercher un édifice pour loger le Préfet de la Seine et les services départementaux le jour où, conformément à la lettre de M. le Président du Conseil des ministres, le pavillon de Flore, qui est actuellement affecté à cet effet, sera rendu par le Département à l'État. »

M. LE PRÉFET DE LA SEINE. Je renouvelle les réserves que j'ai déjà formulées contre la légalité de cette délibération.

M. DREYFUS. Le Conseil se maintient dans la loi de 1838.

Le scrutin auquel il est procédé donne les résultats suivants :

Nombre de votants 63
Majorité absolue 32
Pour... 54
Contre 9

Le Conseil a adopté la proposition de M. Georges Martin.

Ont voté pour :

MM. Allaire, Amouroux, Blanche, Boll, Boué, de Bouteiller, Braleret, Cattiaux, Cernesson, Collin, Combes, Curé, Cusset, Darlot, Decorse, Delabrousse, Delhomme, Desmoulins, Dreyfus, Frère, Grimaud, Guichard, Yves Guyot, Ernest Hamel, Hattat, Hovelacque, Jacques, Jacquet, Jobbé-Duval, Joffrin, Lainé, Alfred Lamouroux, Lefèvre, Lyon-Alemand, Maillard, Marsoulan, Georges Martin, Mathé, de Ménorval, Mesureur, Michelin, Monteil, Pichon, Benjamin Raspail, Réty, Reygeal, Robinet, Rousselle, Rouzé, Royer, Ruben de Couder, Songeon, Vauthier.

Ont voté contre :

MM. Binder, Cochin, Deligny, Despatys, Dupont, Engelhard, Gamard, Hervé, Riant.

Excusé :

M. Rabagny.

En congé :

M. Voisin.

Retenu au conseil de revision :

M. Murat.

N'ont pas pris part au vote, bien qu'ayant signé la feuille de présence :

MM. Depasse, Germer Baillière, Stanislas Leven, Loiseau, Manier, Marius Martin, Santon, Strauss, Villard.

Absents :

MM. Aclocque, Bartholoni, Forest, le docteur Level, Narcisse Leven, Levraud, le colonel Martin, Aristide Rey.

M. le Président. J'ai reçu le projet de vœu suivant :

« Le Conseil général

« Émet le vœu :

« Que les services départementaux soient séparés des services municipaux de la ville de Paris et que le Préfet de la Seine soit déchargé de l'administration municipale.

« *Signé :* Deligny, Jobbé-Duval. »

M. Combes. C'est une proposition analogue à celle de la Commission.

M. Deligny. Elle en diffère en ce sens qu'elle renferme une solution pratique.

M. Michelin. C'est là un vœu politique.

M. Deligny. Pas du tout.

M. Hovelacque. S'agit-il d'un vœu politique? Dans ce cas, je suis prêt à le voter.

M. Depasse. Il est inutile de demander l'avis de l'Administration pour ne pas le suivre. Que M. Hovelacque et ses amis suivent leur inspiration.

M. Dreyfus. Le Conseil ne doit pas voter ce projet de vœu pour deux raisons ; d'abord, parce qu'après avoir voté la proposition ferme qui vient d'être adoptée, le Conseil diminuerait ce qu'il a fait ; ensuite, parce que, lors de la discussion du budget départemental, il a voté la séparation des services départementaux et municipaux. C'est une chose accomplie.

M. Germer Baillière. Je demande le renvoi du projet de vœu à la Commission.

M. Deligny. J'insiste pour le vote.

M. Michelin. Je demande l'ordre du jour pur et simple, en me référant à ce que vient de dire M. Dreyfus.

L'ordre du jour pur et simple, mis aux voix, est adopté.

Proposition de M. Georges Martin et d'un certain nombre de ses collègues au Conseil municipal pour que certains locaux de l'Hôtel de Ville, actuellement vacants ou occupés par des services départementaux, soient affectés à des services exclusivement municipaux.

Séance du 13 juin 1884.

Nous avons cru nécessaire de réunir pour nos nouveaux collègues du Conseil municipal les documents ayant trait aux discussions qui ont été engagées, tant au Conseil général de la Seine qu'au Conseil municipal de Paris, sur la question de l'installation du Préfet de la Seine et des services départementaux à l'Hôtel de Ville, ou en dehors de ce palais municipal.

Nous allons résumer en quelques lignes les documents qui précèdent et proposer au Conseil municipal la seule délibération logique qui nous paraisse s'imposer à cette Assemblée, à la suite de l'étude des documents et des discussions qui ont eu lieu au Conseil général de la Seine.

Les bureaux du département de la Seine et le Préfet de ce département ont été installés en 1805 à l'Hôtel de Ville de Paris et y sont restés jusqu'à l'incendie de ce monument. Le Conseil municipal, par sa délibération du 22 juillet 1872, manifesta qu'il était disposé à conserver son ancien locataire, en prévoyant dans son programme de reconstruction du Palais municipal le logement particulier du Préfet de la Seine et les locaux nécessaires à l'installation des bureaux du Département.

Lorsqu'en octobre 1880, M. Manier et, en mai 1881, M. Hovelacque proposèrent de décider que le Préfet de la Seine ne serait pas logé à l'Hôtel de Ville, le Conseil municipal passa à l'ordre du jour sur ces propositions. Le Conseil estimait sans doute que le rapport présenté par M. Antide Martin au Conseil général sur le Budget rectificatif de 1879 ne suffisait pas pour motiver de sa part une délibération de principe sur la question du logement du Préfet de la Seine et des services départementaux à l'Hôtel de Ville.

M. Antide Martin, par son rapport, demandait en effet au Conseil général de ne pas inscrire (et ce, contrairement aux propositions de l'Administration), au Budget rectificatif du département de la Seine, un crédit de 2,614,400 francs pour participation de ce département aux dépenses de reconstruction de l'Hôtel de Ville de Paris.

Le Rapporteur pensait que le département de la Seine devait, dans l'avenir, rester locataire de la ville de Paris, ainsi que cela avait eu lieu dans le passé.

On comprend bien que, dans de semblables conditions, le Conseil municipal ait passé à l'ordre du jour tant sur la proposition de M. Manier que sur celle de M. Hovelacque.

Nous ne viendrions donc pas aujourd'hui déposer la nôtre si la question était encore posée comme elle l'était tant en 1872 qu'en 1879, 1880 et 1881.

Mais il n'en est pas ainsi.

Le Conseil général, connaissant maintenant exactement ce qu'a coûté la reconstruction de l'Hôtel de Ville, a compris que si le Préfet et les services départementaux occupaient les emplacements primitivement prévus dans le projet de 1872 et ceux qui sont depuis devenus nécessaires par suite de l'extension des services, le loyer que le département de la Seine aurait à payer annuellement à la ville de Paris ne pourrait être inférieur à cinq ou six cent mille francs.

Le Conseil général a donc cherché tout d'abord si le Préfet ne pourrait pas rester au pavillon de Flore, moyennant un loyer payé à l'Etat par le Département.

Le Gouvernement a répondu aux ouvertures qui lui furent faites dans ce sens, que l'Etat avait besoin du pavillon de Flore pour le service des Beaux-Arts.

Le Conseil général, après cette réponse, a pris, le 25 avril dernier, une délibération qui, rapprochée de la discussion qui eut lieu au sein de cette assemblée, montre que le département de la Seine ne veut pas devenir le locataire de la ville de Paris.

Dans ces conditions, le Conseil municipal de Paris a le devoir d'examiner comment il doit et peut utiliser les locaux primitivement destinés à être loués par la Ville au Département, ou même déjà occupés par la comptabililité départementale, les contributions et le domaine de l'Etat, les travaux de l'Etat et du Département, les routes départementales et chemins vicinaux, etc., etc....

Les soussignés ont, en conséquence, l'honneur de proposer au Conseil municipal le projet de délibération suivant, dont ils demandent le renvoi aux 2e et 5e Commissions, en les invitant à présenter leur rapport, dans le plus bref délai, vu l'urgence :

LE CONSEIL MUNICIPAL,

Vu sa délibération en date du 22 juillet 1872, par laquelle est déterminé le programme de reconstitution de l'Hôtel de Ville de Paris ;

Vu la délibération du Conseil général de la Seine en date du 18 juin 1883, invitant M. le Préfet de la Seine à engager des négociations avec l'Etat pour obtenir que les services départementaux et l'habitation du Préfet de la Seine restent installés dans le pavillon de Flore qui leur est actuellement affecté ;

Vu la nouvelle délibération du Conseil général de la Seine en date du 25 avril dernier, décidant qu'il y a lieu de rechercher un édifice pour loger le Préfet de la Seine et les services départementaux lorsqu'ils seront obligés, par l'Etat, de quitter le pavillon de Flore ;

Considérant que le département de la Seine ne veut manifestement pas redevenir le locataire de la ville de Paris, ainsi qu'il le fut de 1805 à 1871 ;

Considérant que les locaux que le Conseil municipal, en 1872, avait cru devoir prévoir dans le programme de reconstruction de l'Hôtel de Ville pour être loués au département de la Seine, ne pourront recevoir leur destination primitive par suite des intentions contraires qui ressortent clairement des délibérations susvisées du Conseil général ainsi que des discussions engagées au sein de cette assemblée ;

Considérant qu'un certain nombre de services municipaux sont actuellement installés en dehors de l'Hôtel de Ville, ce qui est une gêne pour la population parisienne et souvent une entrave pour les travaux du Conseil municipal ; qu'il y a lieu, en conséquence, de ramener dans le pavillon municipal les services éparpillés au d ehors ;

Délibère :

Les locaux de l'Hôtel de Ville, actuellement vacants ou occupés par des services départementaux, sont affectés au logement des divers services de l'Administration municipale encore installés au dehors.

Signé : Georges Martin, Cattiaux, Guichard, de Ménorval, Deschamps, Piperaud, Collin, Dreyfus, de Bouteiller, Curé, Maillard, Mayer, Michelin, Mesureur, Amouroux, Robinet, Braleret, Paul Viguier, Rousselle, Boué, Darlot, Reygeal, Rouzé, Chautemps, Dujarrier, Pichon, Mathé.

TABLE DES MATIÈRES

www.ingramcontent.com/pod-product-compliance
Ingram Content Group UK Ltd.
Pitfield, Milton Keynes, MK11 3LW, UK
UKHW021146220726
13924UKWH00003B/1040